DIREITO CIVIL

organização LEON

série manuais de direito

PAULO RODRIGO GONÇALVES DE OLIVEIRA

Copyright © 2023 by Editora Letramento
Copyright © 2023 by Paulo Rodrigo Gonçalves de Oliveira

Diretor Editorial Gustavo Abreu
Diretor Administrativo Júnior Gaudereto
Diretor Financeiro Cláudio Macedo
Logística Daniel Abreu e Vinícius Santiago
Comunicação e Marketing Carol Pires
Assistente Editorial Matteos Moreno e Maria Eduarda Paixão
Designer Editorial Gustavo Zeferino e Luís Otávio Ferreira
Organizador Leonardo Castro
Coordenador Editorial Marcelo Hugo da Rocha

Conselho Editorial Jurídico

Alessandra Mara de Freitas Silva	Edson Nakata Jr	Luiz F. do Vale de Almeida Guilherme
Alexandre Morais da Rosa	Georges Abboud	Marcelo Hugo da Rocha
Bruno Miragem	Henderson Fürst	Nuno Miguel B. de Sá Viana Rebelo
Carlos María Cárcova	Henrique Garbellini Carnio	Onofre Alves Batista Júnior
Cássio Augusto de Barros Brant	Henrique Júdice Magalhães	Renata de Lima Rodrigues
Cristian Kiefer da Silva	Leonardo Isaac Yarochewsky	Salah H. Khaled Jr
Cristiane Dupret	Lucas Moraes Martins	Willis Santiago Guerra Filho

Todos os direitos reservados. Não é permitida a reprodução desta obra sem aprovação do Grupo Editorial Letramento.

Dados Internacionais de Catalogação na Publicação (CIP)
Bibliotecária Juliana da Silva Mauro - CRB6/3684

O482d   Oliveira, Paulo Rodrigo Gonçalves de
Direito civil / Paulo Rodrigo Gonçalves de Oliveira ; organizado por Leonardo Castro. - Belo Horizonte : Letramento, 2023.
184 p. : il. ; 23 cm. - (Série Manuais de Direito)
Inclui Bibliografia.
ISBN 978-65-5932-323-4
1. Personalidade. 2. Direito da personalidade. 3. Pessoa jurídica. 4. Bens. 5. Obrigações. I. Título. II. Série.
CDU: 347   CDD: 347

Índices para catálogo sistemático:
1. Direito civil 347
2. Direito civil 347

LETRAMENTO EDITORA E LIVRARIA
Caixa Postal 3242 – CEP 30.130-972
r. José Maria Rosemburg, n. 75, b. Ouro Preto
CEP 31.340-080 – Belo Horizonte / MG
Telefone 31 3327-5771

É O SELO JURÍDICO DO
GRUPO EDITORIAL LETRAMENTO

APRESENTAÇÃO

De acordo com um dos dicionários online mais populares, o Dicio, *manual* compreende um "compêndio, livro pequeno que encerra os conhecimentos básicos de uma ciência, uma técnica, um ofício". A escolha do nome da série, portanto, não foi aleatório, ao contrário, traz em cada um dos volumes a premissa de apresentar um conteúdo mínimo, sem ser superficial, que todo o acadêmico de Direito precisa saber sobre as temáticas apresentadas.

A experiência editorial que nos cabe, depois de publicar mais de 100 livros jurídicos, aponta que o leitor nunca esteve tão interessado a consultar um material objetivo, didático, sem muita enrolação e que memorize as informações desde da primeira leitura. Ninguém deseja desperdiçar tempo com o irrelevante, não é? A partir deste contexto, reunimos professores especialistas em suas áreas e com muita prática em sala de aula para que os principais e mais relevantes temas estejam bem explicados nestas páginas.

A série não foi pensada, exclusivamente, para quem deseja enfrentar provas da OAB e de concursos, mas que preparasse para qualquer desafio que fosse levado pelo seu leitor, seja em seleções, seja em avaliações na faculdade. Com a organização do experiente professor Leonardo Castro, a **Série Manuais** promete um aprendizado além de sinopses e resumos. Bons estudos!

MARCELO HUGO DA ROCHA

Coordenador editorial.

11 DA PERSONALIDADE E DA CAPACIDADE

14 A CAPACIDADE

17 EMANCIPAÇÃO

19 MORTE REAL E PRESUMIDA

20 COMORIÊNCIA

20 REGISTRO E AVERBAÇÃO

22 DIREITOS DA PERSONALIDADE

22 CLASSIFICAÇÃO DOS DIREITOS DA PERSONALIDADE

26 DA AUSÊNCIA

26 DA CURADORIA DOS BENS DO AUSENTE

27 SUCESSÃO PROVISÓRIA

28 DA SUCESSÃO DEFINITIVA

31 DAS PESSOAS JURÍDICAS

31 CLASSIFICAÇÃO DAS PESSOAS JURÍDICAS

32 INÍCIO DA PESSOA JURÍDICA

33 DESCONSIDERAÇÃO DA PERSONALIDADE JURÍDICA

35 TEORIA MAIOR E MENOR DA DESCONSIDERAÇÃO DA PERSONALIDADE JURÍDICA

35 DESCONSIDERAÇÃO DA PERSONALIDADE JURÍDICA INVERSA

37 DAS ASSOCIAÇÕES

39 DAS FUNDAÇÕES

42 DO DOMICÍLIO

42 CLASSIFICAÇÃO DE DOMICÍLIO

44 DOS BENS

44 CLASSIFICAÇÃO DE BENS

44 BENS IMÓVEIS

45 BENS MÓVEIS

46 BENS FUNGÍVEIS E INFUNGÍVEIS

46 BENS DIVISÍVEIS E INDIVISÍVEIS

46	BENS CONSUMÍVEIS E NÃO CONSUMÍVEIS
47	BENS SINGULARES E COLETIVOS
47	BENS RECIPROCAMENTE CONSIDERADOS
48	BENS PÚBLICOS
48	CARACTERÍSTICAS DOS BENS PÚBLICOS

50 DOS FATOS JURÍDICOS

51	NEGÓCIO JURÍDICO
52	NEGÓCIOS REALIZADOS COM RESERVA MENTAL (ART. 110 DO CC)
52	AUTOCONTRATO OU CONTRATO CONSIGO MESMO (ART. 117 DO CC)
52	INVALIDADE DO NEGÓCIO JURÍDICO
53	CAUSAS DE NULIDADE
54	CAUSAS DE ANULABILIDADE
54	ERRO
55	DOLO
55	COAÇÃO
55	ESTADO DE PERIGO
56	LESÃO
57	FRAUDE CONTRA CREDORES

59 DOS ATOS ILÍCITOS

59	ABUSO DE DIREITO
60	ATOS NÃO CONSIDERADOS ILÍCITOS

62 DA PRESCRIÇÃO E DECADÊNCIA

62	PRESCRIÇÃO
63	DAS CAUSAS DE IMPEDIMENTO E SUSPENSÃO DA PRESCRIÇÃO
64	CAUSAS INTERRUPTIVAS DA PRESCRIÇÃO
65	DOS PRAZOS DE PRESCRIÇÃO
67	PRESCRIÇÃO INTERCORRENTE
67	DECADÊNCIA

70 DIREITO DAS OBRIGAÇÕES

72	PARTES DA RELAÇÃO OBRIGACIONAL
72	TIPOS DE OBRIGAÇÃO
72	DAS OBRIGAÇÕES DE DAR
72	DAS OBRIGAÇÕES DE DAR COISA CERTA
72	ABRANGÊNCIA DOS ACESSÓRIOS
73	PERECIMENTO SEM CULPA E COM CULPA DO DEVEDOR
73	SEM CULPA
74	COM CULPA

74	**DETERIORAÇÃO SEM CULPA E COM CULPA DO DEVEDOR**
75	**PERECIMENTO SEM CULPA E COM CULPA DO DEVEDOR NA RESTITUIÇÃO DA COISA**
76	**DETERIORAÇÃO SEM CULPA E COM CULPA DO DEVEDOR NA RESTITUIÇÃO**
78	**DAS OBRIGAÇÕES DE DAR COISA INCERTA**
80	DAS OBRIGAÇÕES DE FAZER
81	**DIFERENÇAS ENTRE OBRIGAÇÃO DE DAR E FAZER**
81	**ESPÉCIES DE OBRIGAÇÃO DE FAZER**
83	DAS OBRIGAÇÕES DE NÃO FAZER
83	DAS OBRIGAÇÕES ALTERNATIVAS
87	**CONCENTRAÇÃO**
87	**OBRIGAÇÕES FACULTATIVAS**
88	DAS OBRIGAÇÕES DIVISÍVEIS E INDIVISÍVEIS
90	**ESPÉCIES DE INDIVISIBILIDADE**
92	**REMISSÃO DA DÍVIDA**
93	**OBRIGAÇÃO INDIVISÍVEL E PERDAS E DANOS**
94	DAS OBRIGAÇÕES SOLIDÁRIAS
96	DA SOLIDARIEDADE ATIVA
97	**PAGAMENTO FRACIONADO**
97	**INTRANSMISSIBILIDADE DA SOLIDARIEDADE PELA MORTE**
98	**CONVERSÃO DA OBRIGAÇÃO SOLIDÁRIA EM PERDAS E DANOS**
98	**REMISSÃO DA DÍVIDA POR UM DOS CREDORES**

99	**OPONIBILIDADE DE EXCEÇÕES PESSOAIS**
100	DA SOLIDARIEDADE PASSIVA
101	**INTRANSMISSIBILIDADE DA SOLIDARIEDADE PELA MORTE**
102	**PAGAMENTO PARCIAL**
103	**IMPOSSIBILIDADE DA PRESTAÇÃO**
106	**VÍNCULO INTERNO E DEVEDOR SOLIDÁRIO INSOLVENTE**
107	DA TRANSMISSÃO DAS OBRIGAÇÕES
108	DA CESSÃO DE CRÉDITO
113	DA ASSUNÇÃO DE DÍVIDA
116	**DO ADIMPLEMENTO E EXTINÇÃO DAS OBRIGAÇÕES**
116	DO PAGAMENTO
116	**ELEMENTOS SUBJETIVOS OU PESSOAIS DO PAGAMENTO**
117	DE QUEM DEVE PAGAR
117	**TERCEIRO INTERESSADO E NÃO INTERESSADO**
119	**PAGAMENTO FEITO POR TERCEIRO, COM OPOSIÇÃO DO CREDOR**
121	DAQUELES A QUEM SE DEVE PAGAR
124	DO OBJETO DO PAGAMENTO E SUA PROVA
129	**DO LUGAR DO PAGAMENTO**
129	DÍVIDAS QUESÍVEIS E PORTÁVEIS
131	**DO TEMPO DO PAGAMENTO**
132	**DO PAGAMENTO EM CONSIGNAÇÃO**
133	HIPÓTESES QUE PERMITEM A CONSIGNAÇÃO
135	**DO PAGAMENTO COM SUB-ROGAÇÃO**
136	**DA IMPUTAÇÃO DO PAGAMENTO**

137	DA DAÇÃO EM PAGAMENTO	139	DA CONFUSÃO
137	DA NOVAÇÃO	139	DA REMISSÃO DAS DÍVIDAS
138	DA COMPENSAÇÃO		

140 DO INADIMPLEMENTO DAS OBRIGAÇÕES

140	DA MORA	142	CLÁUSULA PENAL
141	DAS PERDAS E DANOS	142	ARRAS OU SINAL
142	DOS JUROS LEGAIS		

144 DA RESPONSABILIDADE CIVIL

144	ELEMENTOS DA RESPONSABILIDADE CIVIL	147	DETERIORAÇÃO OU DESTRUIÇÃO DA COISA ALHEIA PARA REMOVER PERIGO IMINENTE
146	RESPONSABILIDADE CIVIL OBJETIVA E SUBJETIVA	149	DA INDENIZAÇÃO
147	RESPONSABILIDADE DO INCAPAZ		

152 DOS DIREITOS REAIS

152	DA POSSE E SUA CLASSIFICAÇÃO	155	USUCAPIÃO EXTRAORDINÁRIA (POSSE-TRABALHO) (ART. 1.238, PARÁGRAFO ÚNICO):
153	DA AQUISIÇÃO DA POSSE		
154	DA PROPRIEDADE	155	USUCAPIÃO ESPECIAL RURAL (ART. 1.239):
155	DA AQUISIÇÃO DA PROPRIEDADE IMÓVEL	156	USUCAPIÃO ESPECIAL URBANA (ART. 1.240):
155	DA USUCAPIÃO	156	USUCAPIÃO FAMILIAR (ART. 1.240-A):
155	USUCAPIÃO EXTRAORDINÁRIA (ART. 1.238):	157	USUCAPIÃO ORDINÁRIA (ART. 1.242):
		157	USUCAPIÃO ORDINÁRIA TABULAR (ART. 1.242, PARÁGRAFO ÚNICO):

159 DO DIREITO DE FAMÍLIA

| 159 | DO CASAMENTO | 160 | DOS IMPEDIMENTOS PARA O CASAMENTO |
| 160 | DA CAPACIDADE PARA O CASAMENTO | 161 | DAS CAUSAS SUSPENSIVAS |

161	DO PROCESSO DE HABILITAÇÃO PARA O CASAMENTO	170	DESNECESSIDADE DE AUTORIZAÇÃO DO CÔNJUGE PARA A PRÁTICA DE ATOS
162	DA CELEBRAÇÃO DO CASAMENTO	171	DO PACTO ANTENUPCIAL
164	CASAMENTO NUNCUPATIVO	172	DO REGIME DE COMUNHÃO PARCIAL
164	DAS PROVAS DO CASAMENTO		
165	DA INVALIDADE DO CASAMENTO	174	DO REGIME DE COMUNHÃO UNIVERSAL
167	DA DISSOLUÇÃO DA SOCIEDADE E DO VÍNCULO CONJUGAL	175	DO REGIME DE SEPARAÇÃO DE BENS
168	DO REGIME DE BENS ENTRE OS CÔNJUGES	175	DA UNIÃO ESTÁVEL
169	IMPOSSIBILIDADE DE ESCOLHA DE REGIME DE BENS		

178 DO DIREITO DAS SUCESSÕES

179	DA ACEITAÇÃO E RENÚNCIA DA HERANÇA	181	DA ORDEM DA VOCAÇÃO HEREDITÁRIA
180	HERANÇA JACENTE	182	DOS HERDEIROS NECESSÁRIOS
180	DA PETIÇÃO DE HERANÇA	183	DO DIREITO DE REPRESENTAÇÃO
181	DA SUCESSÃO LEGÍTIMA		

DA PERSONALIDADE E DA CAPACIDADE

A matéria de Direito Civil é disciplinada pelo Código Civil – CC (Lei 10.406/02) e seu primeiro livro disciplina o tema das pessoas.

O Código Civil começa dizendo que toda pessoa é capaz de direitos e deveres na ordem civil. Com essa afirmação, o Código traz a ideia do que seja um sujeito de direitos, tendo em vista conceder à pessoa o atributo da personalidade. Se a pessoa nasce com vida ela terá personalidade e, por consequência, será sujeita de direitos.

Conforme o art. 2º do CC, a personalidade tem início no nascimento com vida, isto é, a pessoa será sujeita de direitos e obrigações a partir de então. O nascimento é verificado se a pessoa respirou. É o que basta para dizer se nasceu com vida.

O dispositivo ressalva ainda que, embora a personalidade tenha início no nascimento com vida, a lei assegura os direitos do nascituro. O nascituro é o ser que está concebido, em formação, que ainda não veio à luz e está dentro do ventre materno, com expectativa de que nasça com vida.

Entende-se, pela leitura do art. 2º, que o nascituro não tem personalidade, ou seja, não é sujeito de direitos até que sobrevenha o seu nascimento com vida. Contudo, a lei não o deixa desamparado, pois abriga a proteção que lhe é inerente.

Para ficar mais claro: a lei protege o nascituro quando, por exemplo, permite que a mãe pleiteie, ainda grávida, os alimentos denominados gravídicos, com base na Lei 11.804/2008. Outra proteção que o nascituro tem é de não ser abortado, uma vez que o Código Penal considera o aborto um crime, sendo o feto o sujeito passivo de referida infração penal.

Sobre o tema, três teorias sobre o nascituro surgiram: a natalista, concepcionista e a da personalidade condicional. São teorias que visam a esclarecer a origem da personalidade do ponto de vista jurídico.

× Natalista: o início da personalidade se dá no nascimento com vida.

× Concepcionista: o nascituro tem personalidade desde a concepção.

× Personalidade condicional: a personalidade tem início no nascimento com vida, mas o nascituro adquire direitos desde a concepção que estão sujeitos ao nascimento.

Há uma discussão doutrinária a respeito de qual teoria o Brasil adotou, mas a maioria da doutrina considera como sendo a teoria natalista, haja vista o Código afirmar que a personalidade se inicia no nascimento com vida.

✦ EXERCÍCIOS DE FIXAÇÃO

01. Ano: 2023 Banca: IDECAN Órgão: SEFAZ-RR Prova: IDECAN - 2023 - SE-FAZ-RR - Técnico de Tributos Estaduais

Acerca dos direitos da personalidade, analise os itens abaixo:

I. É válida, com objetivo científico, ou altruístico, a disposição gratuita do próprio corpo, no todo ou em parte, para depois da morte.

II. O nome da pessoa não pode ser empregado por outrem em publicações ou representações que a exponham ao desprezo público, ainda quando não haja intenção difamatória.

III. Os direitos da personalidade são irrenunciáveis, permanentes e transmissíveis. Está(ão) correto(s) o(s) item(ns):

A) apenas I.
B) apenas II.
C) apenas III.
D) apenas I e II.
E) I, II e III.

02. Ano: 2023 Banca: FUNDEP (Gestão de Concursos) Órgão: Prefeitura de Lavras - MG Prova: FUNDEP (Gestão de Concursos) - 2023 - Prefeitura de Lavras - MG - Advogado - CRAS/CREAS

Sobre as normas constantes no Código Civil Brasileiro, assinale a alternativa correta.

A) Se dois indivíduos falecerem na mesma ocasião, não sendo possível averiguar se algum dos comorientes precedeu ao outro, presumir-se-ão simultaneamente mortos.

B) O pseudônimo adotado para atividades lícitas não goza da proteção que se dá ao nome.

C) São absolutamente incapazes de exercer pessoalmente os atos da vida civil os que, por enfermidade ou deficiência mental, não tiverem o necessário discernimento para a prática desses atos.

D) A retirada de órgãos do paciente falecido pode ter por finalidade o atendimento de fins econômicos e de pesquisa, desde que comprovado o caráter científico.

» GABARITO

01. Letra D.
02. Letra A.

A CAPACIDADE

Vamos primeiramente entender o conceito de capacidade na ordem civil. Toda pessoa que nasceu com vida automaticamente possui capacidade. O art. 1º do CC diz que toda pessoa é capaz de direitos e deveres na ordem civil.

Capacidade, portanto, pode ser entendida como a possibilidade de adquirir direitos. Contudo, essa capacidade pode ser limitada em alguns casos, que é a diferenciação feita pela doutrina da capacidade de fato e a capacidade de direito.

A capacidade de fato, também conhecida como capacidade de exercício, é a possibilidade de uma pessoa exercer os atos da vida civil sem nenhum tipo de assistência ou representação, ou seja, ela por si mesma vai exercer o seu direito, vai ter a possibilidade de adquirir um direito.

Pode-se dizer, portanto, que existe a capacidade plena e a capacidade limitada. As pessoas que possuem capacidade limitada são denominadas de incapazes, uma vez que elas não podem exercer o direito por si só, isto é, elas precisam, em determinados casos, de uma assistência ou representação.

Quanto aos incapazes, temos os incapazes absolutos e os incapazes relativos.

A incapacidade absoluta é uma condição da pessoa humana que não lhe permite o exercício de direito sem que haja representação. Ou seja, as pessoas absolutamente incapazes para exercer o seu direito precisam ser representadas naquele ato.

O Código Civil, na sua redação original, em seu artigo 3º, trazia os absolutamente incapazes, que eram: os menores de dezesseis anos; os que, por enfermidade ou deficiência mental, não tiverem o necessário discernimento para a prática desses atos; os que, mesmo por causa transitória, não puderem exprimir sua vontade.

Ocorre que, no ano de 2015, entrou em vigor a Lei 13.146, que promoveu o Estatuto da Pessoa com Deficiência, trazendo uma mudança no sistema de incapacidades, de modo a alterar o artigo 3º do Código Civil.

14 DIREITO CIVIL

A redação atual do artigo 3º é a seguinte: "Art. 3º São absolutamente incapazes de exercer pessoalmente os atos da vida civil os menores de 16 (dezesseis) anos."

Portanto, o sistema civil atual considera incapazes tão somente as pessoas menores de 16 anos, isto é, se a pessoa tem menos de 16 anos, ela, para exercer um direito, terá que se valer de um representante.

Ora, mas e aquelas pessoas denominadas anteriormente, como, por exemplo, os que por enfermidade de deficiência mental não tiverem o necessário discernimento para a prática de atos civis ou aqueles que por uma causa transitória não puderem exprimir a vontade, como ficam?

Pelo Estatuto da Pessoa com Deficiência, eles não mais são considerados absolutamente incapazes. Mesmo que haja uma pessoa nessa condição, o exercício do direito poderá ser por ela exercido de modo absoluto.

De outro lado, temos também os incapazes relativos. A lei dá essa denominação, porque entende que tais pessoas já possuem mais capacidade de entendimento, de discernir certos acontecimentos da vida, e por essa razão, classificam-no como incapazes relativos.

Os incapazes relativos estão descritos no art. 4º do Código Civil, sendo eles:

- ✗ os maiores de dezesseis (16) e menores de dezoito (18) anos
- ✗ os ébrios habituais e os viciados em tóxico
- ✗ aqueles que, por causa transitória ou permanente, não puderem exprimir sua vontade
- ✗ os pródigos.

A respeito do pródigo, seu significado está ligado à ideia daquela pessoa que gasta todo seu patrimônio, desenfreadamente, sem deixar um suporte mínimo para a sua sobrevivência. Por essa razão, caso um pródigo queira praticar negócio jurídico, a lei lhe restringe a prática do ato, classificando-o como incapaz relativo, necessitando assim de assistência.

A incapacidade, absoluta ou relativa, dura tão-somente até o momento em que a pessoa chega à maioridade, que cessa aos dezoito anos completos, quando então está apta para praticar todos os atos da vida civil.

Antes, porém, de completar a maioridade, a lei trouxe uma exceção à regra com a chamada emancipação.

+ EXERCÍCIOS DE FIXAÇÃO

01. Ano: 2019 Banca: OBJETIVA Órgão: Prefeitura de Antônio Olinto - PR Prova: OBJETIVA - 2019 - Prefeitura de Antônio Olinto - PR - Advogado

Em relação à capacidade das pessoas naturais, asseverada pelo Código Civil, analisar os itens abaixo:

I. São absolutamente incapazes de exercer pessoalmente os atos da vida civil os menores de 14 anos.

II. São incapazes, relativamente a certos atos ou à maneira de exercê-los, os ébrios habituais, os pródigos e os indígenas.

III. A menoridade cessa aos dezoito anos completos, quando a pessoa fica habilitada à prática de todos os atos da vida civil.

Está(ão) CORRETO(S):

A) Somente o item I.
B) Somente o item III.
C) Somente os itens I e III.
D) Somente os itens II e III.

02. Ano: 2017 Banca: IBEG Órgão: IPREV Prova: IBEG - 2017 - IPREV - Procurador Previdenciário

Sobre a capacidade civil, analise as assertivas e indique a opção correta.

I. São absolutamente incapazes de exercer pessoalmente os atos da vida civil os menores de 16 (dezesseis) anos;

II. São incapazes, relativamente a certos atos ou à maneira de exercê-los os maiores de dezesseis e menores de dezoito anos;

III. São incapazes, relativamente a certos atos ou à maneira de exercê-los os ébrios habituais, os viciados em tóxicos, e os que, por deficiência mental, tenham o discernimento reduzido;

IV. São incapazes, relativamente a certos atos ou à maneira de os exercer aqueles que, por causa transitória ou permanente, não puderem exprimir sua vontade

A) apenas as alternativas I e II são verdadeiras.
B) apenas as alternativas I e III são verdadeiras.
C) apenas as alternativas II e III são verdadeiras.
D) apenas as alternativas I, II e IV são verdadeiras.
E) apenas as alternativas I, III e IV são verdadeiras.

» GABARITO

01. Letra C.
02. Letra D.

EMANCIPAÇÃO

A emancipação é um fenômeno jurídico que possibilita à pessoa usufruir da capacidade legal de direitos antes de atingir a maioridade. Esse instituto, no entanto, só é aplicável às pessoas maiores de 16 e menores de 18 anos, que são considerados relativamente incapazes.

A lei enumera algumas formas de possibilitar essa emancipação:

I. pela concessão dos pais, ou de um deles na falta do outro, mediante instrumento público, independentemente de homologação judicial, ou por sentença do juiz, ouvido o tutor, se o menor tiver dezesseis anos completos;

II. pelo casamento;

III. pelo exercício de emprego público efetivo;

IV. pela colação de grau em curso de ensino superior;

V. pelo estabelecimento civil ou comercial, ou pela existência de relação de emprego, desde que, em função deles, o menor com dezesseis anos completos tenha economia própria.

Na prática, uma das formas mais comuns de se ver a emancipação é no caso em que os pais, por livre e espontânea vontade, assinam um documento emancipando o filho(a), isto é, permitindo que este filho(a) atinja a capacidade legal para os atos da vida civil antes da maioridade. É a chamada emancipação voluntária

Outra possibilidade comum é pelo casamento de pessoa menor de 18 anos e maior de 16.

O inciso IV traz uma situação um pouco mais peculiar, que é a da emancipação em caso de colação de grau em curso de ensino superior. Ora, é – talvez – uma raríssima exceção se ver uma pessoa menor de 18 anos que consiga colar grau no ensino superior.

O que se tem, em notícias, por exemplo, é de jovens que conseguem entrar na universidade antes da maioridade, e não terminar o curso antes disso, quando se mostram tão prodígios a ponto de atingirem essa proeza. Em alguns casos, é preciso, inclusive, de decisão judicial permitindo que a pessoa seja liberada de comparecer às aulas do ensino médio para então poder ingressar no ensino superior, por já ter obtido aprovação no vestibular.

+ EXERCÍCIOS DE FIXAÇÃO

01. Ano: 2018 Banca: IESES Órgão: TJ-CE Prova: IESES - 2018 - TJ-CE - Titular de Serviços de Notas e de Registros - Remoção

A menoridade cessa aos dezoito anos completos, quando a pessoa fica habilitada à prática de todos os atos da vida civil, contudo, a incapacidade cessará, para os menores pelo(a):

I.   Exercício de emprego público efetivo.

II.   Concessão dos pais, ou de um deles na falta do outro, mediante instrumento público, independentemente de homologação judicial, ou por sentença do juiz, ouvido o tutor, se o menor tiver dezesseis anos completos.

III.   Colação de grau em curso de ensino superior.

IV.   Casamento. A sequência correta é:

A)   Apenas as assertivas I e IV estão corretas.

B)   Apenas as assertivas I, II e IV estão corretas.

C)   Apenas a assertiva II está incorreta.

D)   As assertivas I, II, III e IV estão corretas.

02. A incapacidade, para os menores, cessará:

A)   Pelo exercício de emprego público efetivo ou temporário.

B)   Pela colação de grau em curso de ensino superior ou técnico.

C)   Pela concessão dos pais, ou de um deles na falta do outro, mediante instrumento público, independentemente de homologação judicial, ou por sentença do juiz, ouvido o tutor, se o menor tiver quatorze anos completos.

D)   Pelo estabelecimento civil ou comercial, ou pela existência de relação de emprego, desde que, em função deles, o menor com dezesseis anos completos tenha economia própria.

E)   Pela concessão dos pais, ou de um deles na falta do outro, mediante instrumento particular, independentemente de homologação judicial, ou por sentença do juiz, ouvido o tutor, se o menor tiver quatorze anos completos.

» GABARITO

01. Letra D.

02. Letra E.

MORTE REAL E PRESUMIDA

A existência da pessoa natural vai terminar com a sua morte.

O conceito jurídico para se entender o que é morte não é dado pelo Código Civil, mas sim pela Lei 9.434/97, que em seu art. 3º diz que a retirada *post mortem* de tecidos, órgãos ou partes do corpo humano destinados a transplante ou tratamento deve ser precedido de **morte encefálica**.

A **morte encefálica**, portanto, é o momento crucial para se dizer que a pessoa está sem vida.

Essa morte deve também ser constatada e registrada por dois médicos não participantes da equipe de remoção e transplante. Essa, portanto, é a chamada morte real.

Há, ainda, por outro lado, a chamada morte presumida, que pode ser com ou sem decretação de ausência.

A morte presumida com decretação de ausência é a trazida pelo art. 6º, parte final, do Código Civil. O dispositivo diz que a pessoa ausente será considerada morta quando houver os requisitos para abertura da sucessão definitiva.

Antes, porém, de se chegar à possibilidade de sucessão definitiva do ausente, passa-se pela sucessão provisória, procedimento previsto nos arts. 26 a 36 do Código Civil.

Já a morte presumida sem decretação de ausência é possível quando é extremamente provável a morte de quem estava em perigo de vida. Ex: pessoa vítima de um deslizamento de terra ou enchente.

Nesse caso, diante da gravidade do acidente sofrido, fica bem provável que a pessoa morreu, pois há casos em que o corpo sequer é encontrado. Assim, considera-se a morte presumida dessa pessoa.

Outra possibilidade de morte presumida é da pessoa que desapareceu em campanha (operação militar) ou foi feita prisioneira e não foi encontrada até dois anos após a guerra.

Contudo, a declaração não é tão simples, uma vez que exige-se para o seu requerimento o esgotamento de buscas e averiguações, a fim de se evitar declaração de morte presumida sem necessidade. Feito o requerimento, o juiz irá fixar a data provável do falecimento.

COMORIÊNCIA

A comoriência é o fenômeno jurídico de duas pessoas que falecem na mesma ocasião, não sendo possível averiguar qual deles morreu primeiro. Nesse caso, presume-se que a morte foi simultânea.

REGISTRO E AVERBAÇÃO

O Código Civil determina que alguns casos sejam registrados em registro público. São eles:

I.   os nascimentos, casamentos e óbitos;
II. a emancipação por outorga dos pais ou por sentença do juiz;
III. a interdição por incapacidade absoluta ou relativa;
IV. a sentença declaratória de ausência e de morte presumida.

Existe também a averbação, que uma modificação inserida dentro do registro de algum documento

É o caso, por exemplo, das sentenças que decretarem a nulidade ou anulação do casamento, o divórcio, a separação judicial e o restabelecimento da sociedade conjugal.

Também se exige averbação para os atos judiciais ou extrajudiciais que declarem ou reconhecerem a filiação.

+ EXERCÍCIOS DE FIXAÇÃO

01. Ano: 2023 Banca: FEPESE Órgão: Prefeitura de Balneário Camboriú - SC Prova: FEPESE - 2023 - Prefeitura de Balneário Camboriú - SC - Fiscal de Relações de Consumo

Em relação à personalidade e à capacidade civil, é correto afirmar:

A) A personalidade civil da pessoa começa do nascimento com vida; mas a lei põe a salvo, desde a concepção, os direitos do nascituro.

B) A capacidade dos indígenas é regulada pelo Código Civil.

C) A menoridade cessa aos dezesseis anos completos, quando a pessoa fica habilitada à prática de todos os atos da vida civil.

D) A vida privada da pessoa natural não é inviolável, e não há providências a serem adotadas para garantir sua inviolabilidade. E A existência da pessoa natural termina com a morte; contudo não é possível presumir-se esta, quanto aos ausentes.

02. Ano: 2023 Banca: FUMARC Órgão: AL-MG Prova: FUMARC - 2023 - AL-MG - Procurador

O Código Civil de 2002 reconhece os direitos da personalidade. Com relação a isso, é CORRETO afirmar:

A) A personalidade civil da pessoa começa na concepção.

B) Com exceção dos casos previstos em lei, os direitos da personalidade são transmissíveis, mas irrenunciáveis, não podendo o seu exercício sofrer limitação voluntária.

C) É válida, com objetivo científico, ou altruístico, a disposição gratuita do próprio corpo, no todo ou em parte, para depois da morte.

D) O pseudônimo adotado para atividades lícitas não goza da proteção que se dá ao nome.

» GABARITO

01. Letra A.

02. Letra C.

DIREITOS DA PERSONALIDADE

Antes de se iniciar propriamente o estudo dos direitos da personalidade, há que se destacar que a nossa Constituição Federal alçou ao patamar de fundamento da República Federativa do Brasil a dignidade da pessoa humana.

A dignidade da pessoa humana é corolário da própria pessoa humana, que possui inúmeros direitos dentro de uma sociedade.

Os direitos da personalidade, portanto, estão umbilicalmente ligados à ideia de dignidade da pessoa humana, de modo que a lei cria algumas proteções a esse direito, tais como proteções a integridade física, psíquica e moral. São, dentre inúmeros outros, os direitos descritos nos arts. 12 a 21 do Código Civil.

Esses direitos podem ser descritos como a proteção ao próprio corpo, à imagem, à honra, ao nome etc.

CLASSIFICAÇÃO DOS DIREITOS DA PERSONALIDADE

Os direitos da personalidade podem ser classificados como:

- × Intransmissíveis
- × Irrenunciáveis
- × Indisponíveis
- × Oponíveis

Intransmissibilidade: eles são intransmissíveis, ou seja, a pessoa não pode transmitir seu direito da personalidade a outrem. Por exemplo, não é possível que uma pessoa transfira seu nome a alguém.

Irrenunciabilidade: não é possível a renúncia a um direito da personalidade, não é possível que a pessoa possa abrir mão desse direito. Por exemplo, não faria o menor sentido a pessoa abrir mão do nome, e ficar sem um nome identificável na sociedade.

Indisponibilidade: a pessoa humana tem seus direitos da personalidade, mas eles são indisponíveis, o que significa que não pode fazer o que bem entender com eles.

É o caso, por exemplo do art. 13 do CC, o qual proíbe o ato de dispor do próprio corpo, salvo nos casos de exigência médica.

Oponibilidade: significa que os direitos da personalidade são oponíveis a qualquer pessoa, inclusive ao Estado. A pessoa pode fazer valer esse direito para qualquer ato que atente contra ele.

A lei ainda permite que a pessoa violada em algum de seus direitos da personalidade possa reclamar perdas e danos, além de outras sanções previstas em lei (art. 12). Essa legitimação das perdas e danos, em se tratando de pessoa já falecida, é transferida ao cônjuge sobrevivente, ou qualquer parente em linha reta, ou colateral até o quarto grau (art. 12, parágrafo único).

A respeito da disposição do próprio corpo, a lei permite em um caso: para fins científicos ou altruísticos, no todo ou em parte, após a morte. Cite-se como exemplo a doação de órgãos depois de a pessoa falecer, quando declara que aceita ser doadora de órgãos.

Vale lembrar que essa declaração de vontade pode ser revogada a qualquer tempo.

Outro direito da personalidade trazido pelo ordenamento jurídico é o de não ser constrangido a se submeter, em caso de risco de vida, a tratamento médico ou a intervenção cirúrgica. Estando, portanto, a pessoa em situação que exige uma intervenção médica, o paciente tem o direito de ser consultado e dar a autorização para que o procedimento vá adiante.

O nome também é um direito da personalidade a que toda pessoa faz jus. O nome é compreendido pelo prenome e o sobrenome.

Prenome: é o elemento que vai identificar a pessoa na sociedade. Ex: Antônio, João, Carlos.

Sobrenome (tecnicamente chamado de nome ou patronímico): é o que identifica a pessoa dentro de uma raiz familiar, a exemplo do sobrenome Oliveira, Castro, Silva, Souza etc.

Há ainda outros elementos que podem compor o nome, a exemplo do agnome e da alcunha.

Agnome: é o elemento que diferença duas pessoas de mesmo nome dentro de uma filha. Ex: Filho, Neto, Júnior.

Alcunha: é a informação atribuída a uma pessoa com base em alguma característica específica.

O nome, por ser um direito e ter a proteção da ordem jurídica, não pode ser empregado por outras pessoas em publicações ou representações que exponham-na ao desprezo público, ainda que a pessoa não faça com intenção difamatória.

Por essa razão, como já mencionado, caso tenha o nome exposto ao ridículo, pode reclamar perdas e danos.

Da mesma maneira, o nome da pessoa não pode ser usado em propaganda comercial, a não ser que a própria pessoa assim autorize.

Por outro lado, o pseudônimo também goza da proteção legal. Pseudo é uma palavra que dá a ideia de falso, fictício, irreal, de modo que o sufixo "nimo" se refere a "nome". Portanto, pseudônimo pode ser entendido como nome irreal, nome que não foi registrado, que a própria pessoa passou a utilizá-lo em sua vida para assim ser chamado.

O pseudônimo é o elemento que não faz parte do registro do nome, mas que tem força suficiente para identificar uma pessoa em sociedade.

São os casos, por exemplo, do apresentador Silvio Santos, do ex-jogador Pelé e da apresentadora Xuxa. Eles não foram registrados com esse nome, mas ao longo dos anos passaram a ser conhecidos por esse elemento a que se dá o nome de pseudônimo.

Dessa forma, entende-se que embora o pseudônimo não seja um elemento constante do registro da pessoa, a lei dá a mesma proteção a que dá ao nome. Caso, por exemplo, a pessoa tenha seu pseudônimo exposto ao ridículo, poderá também reclamar perdas e danos.

A respeito do direito de imagem, o art. 20 do CC dá a ideia de que a divulgação de escrito, a transmissão da palavra ou a publicação, exposição ou utilização da imagem da pessoa pode ser por ela proibida.

Num primeiro momento, parece que caso a pessoa se sinta desconfortável em ter seu nome ou imagem descrita em algum livro ou revista, por exemplo, poderá requerer que essa exposição seja proibida.

Contudo, a proibição só se dá quando a exposição atinge a honra, a boa fama ou a respeitabilidade da pessoa for atingida, além dos casos em que a exposição se dê por fins comerciais.

Ocorre que foi ajuizada uma ADI – Ação Direta de Inconstitucionalidade no Supremo Tribunal Federal, a ADI 4815, a qual teve seu pedido julgado procedente para dar interpretação conforme à Constituição Federal e entender que exigir autorização prévia para biografias seria uma espécie de censura particular, e nem mesmo dos familiares, caso a pessoa citada já estivesse falecida.

O que o CC diz protege então é que o nome ou imagem da pessoa não seja exposta ao ridículo.

Caso a pessoa citada já seja falecida ou ausente, a legitimidade para requerer as perdas e danos passa ao cônjuge, ascendentes ou descendentes.

A lei também dá proteção à vida privada da pessoa, alçando-a ao patamar de inviolável, permitindo que o juiz, a requerimento do interessado, adote as providências para impedir ou fazer cessar ato contrária a essa proteção.

+ EXERCÍCIOS DE FIXAÇÃO

01. Ano: 2016 Banca: FAURGS Órgão: HCPA Prova: FAURGS - 2016 - HCPA - Advogado I (Trabalhista)

Sobre os direitos da personalidade no Código Civil, assinale a alternativa que apresenta afirmação correta.

A) Os direitos da personalidade, com exceção dos casos previstos em lei, são intransmissíveis e irrenunciáveis, exceto no caso de limitações voluntárias ao seu exercício.

B) Tem legitimação para reclamar perdas e danos por lesão a direito da personalidade de pessoa falecida o cônjuge sobrevivente, ou qualquer parente em linha reta, ou colateral até o quarto grau.

C) Salvo por restrição médica, é possível o ato de disposição do próprio corpo, independentemente de importar diminuição permanente da integridade física.

D) É válida, com objetivo científico ou altruístico, a disposição onerosa do próprio corpo, no todo ou em parte, para depois da morte.

E) O nome da pessoa pode ser empregado por outrem em publicações ou representações que a exponham ao desprezo público, quando não houver intenção difamatória.

02. Ano: 2020 Banca: VUNESP Órgão: Valiprev - SP Prova: VUNESP - 2020 - Valiprev - SP - Procurador

Salvo se autorizadas, ou se necessárias à administração da justiça ou à manutenção da ordem pública, a divulgação de escritos, a transmissão da palavra, ou a publicação, a exposição ou a utilização da imagem de uma pessoa poderão ser proibidas, a seu requerimento e sem prejuízo da indenização que couber, se lhe atingirem a honra, a boa fama ou a respeitabilidade, ou se se destinarem a fins comerciais. É(São) parte(s) legítima(s) para requerer essa proteção em se tratando de morto ou ausente:

A) apenas o cônjuge.

B) apenas o cônjuge e os ascendentes em linha reta.

C) cônjuge, ascendentes ou descendentes.

D) cônjuge, qualquer parente em linha reta ou colateral até o terceiro grau.

E) cônjuge, qualquer parente em linha reta ou colateral até o quarto grau.

» GABARITO

01. Letra B.

02. Letra C.

DA AUSÊNCIA

DA CURADORIA DOS BENS DO AUSENTE

Lembra de quando falamos do ausente? O ausente é a pessoa que desaparece sem deixar vestígio, mas que não chega a ser considerado como morto presumido. É uma pessoa que desaparece do seu domicílio sem deixar notícia.

Caso isso aconteça, é necessário que se dê início à curadoria dos bens do ausente. Ora, se a pessoa desapareceu e tem patrimônio, é necessário adotar um procedimento para que posteriormente esses eventuais bens sejam partilhados aos herdeiros.

Portanto, se alguém desaparece sem dar notícia, caso não tenha um representante ou procurador que administre os bens, é possível ingressar com uma ação na justiça com o objetivo de buscar a declaração de ausência da pessoa e assim atingir a sucessão definitiva.

Esse procedimento pode ser feito a requerimento de qualquer interessado ou do Ministério Público. Dado início ao procedimento judicial, o juiz irá nomear um curador para este ausente.

Da mesma forma, o juiz também declarará ausência e nomeará curador caso o ausente deixe um mandatário para responder pelos seus bens, mas esse mandatário se recuse a exercer o mandato ou não possa continuar exercendo, ou no caso em que seus poderes sejam insuficientes.

O juiz, portanto, tem o papel de, nesse procedimento, nomear o curador e assim fixar seus poderes e obrigações. As regras a serem observadas pelos juízes são as mesmas descritas para os tutores e curadores, no caso de tutela e curatela, tema que será mais adiante estudado.

É possível ainda que o cônjuge do ausente seja o legítimo curador, desde que não esteja separado judicialmente ou de fato há mais de 2 anos antes da declaração de ausência.

Não havendo cônjuge, essa curadoria pode ser passada aos pais ou descendentes, desde que não haja impedimento para o exercício do cargo. Na existência de vários descendentes, a lei dá prioridade aos mais próximos em comparação aos mais remotos. E não havendo as pessoas mencionadas, o juiz nomeará um curador de fora.

SUCESSÃO PROVISÓRIA

Com o procedimento de curadoria dos bens do ausente, haverá a arrecadação dos bens do ausente. Feito isso, é possível que os interessados requeiram a declaração de ausência e a abertura da sucessão.

Contudo, esse requerimento só é possível se cumprido um requisito temporal da arrecadação dos bens do ausente:

× 1 ano da arrecadação dos bens;
× 3 anos da arrecadação dos bens, se tiver deixado representante ou procurador.

Respeitado esse prazo, aí sim é possível que os interessados requeiram a declaração de ausência e abertura da sucessão.

Os interessados para esse requerimento são:

× Cônjuge não separado judicialmente;
× Herdeiros presumidor, legítimos ou testamentários;
× Os que tiverem sobre os bens do ausente direito dependente de sua morte;
× Os credores de obrigações vencidas e não pagas.

Proferida a sentença de abertura da sucessão provisória, seus efeitos não são imediatos, pois a lei diz que só tem início após 180 dias depois de publicada na imprensa, ou seja, no Diário Oficial.

Com o trânsito em julgado da decisão, ou seja, após esgotados todos os procedimentos sem que ninguém entre com recurso judicial, será possível a abertura de testamento, caso o ausente tenha deixado, ou inventário e partilha dos bens, como se o ausente estivesse falecido.

Decorrido o prazo de 1 ano da arrecadação dos bens, ou 3 anos, caso tenha deixado representante, o Ministério Público poderá requerer que a sentença seja publicada.

Após o trânsito em julgado da sentença, caso nenhum herdeiro ou interessado compareça para dar início ao inventário em até 30 dias, haverá a arrecadação dos bens do ausente com base nos arts. 1.819 a 1.823 do CC, que trata da herança jacente.

Antes de feita a partilha dos bens, o juiz irá analisar se é conveniente e ordenará a conversão de bens móveis em imóveis ou títulos garantidos pela União.

A lei ainda exige que para os herdeiros se imitirem na posse dos bens da pessoa ausente, é necessário que se dê garantia da restituição destes bens, por meio de penhor ou hipoteca equivalente ao seu respectivo quinhão hereditário.

O herdeiro que tiver direito à posse provisória, mas não puder prestar a garantia, será excluído, e os bens a ele relativo ficarão sobre a administração do curador ou outros herdeiros que o juiz designar e que possa no lugar dele prestar a garantia exigida.

Por outro lado, a lei meio que dá um passo atrás e permite que os ascendentes, descendentes e o cônjuge, provando a qualidade de herdeiro, possa entrar na posse do imóvel independente de garantia.

Os bens imóveis deixados pelo ausente também poderão ser alienados, mas tão-somente quando o juiz ordenar e para evitar a ruína. É possível também que tais bens sejam objeto de desapropriação pelo Estado ou hipotecados.

Quando os sucessores provisórios se empossam nos bens, passam então a figurar como representante ativo e passivo do ausente, de modo que serão legitimados para responder a ações judiciais pendentes e as futuras que forem movidas.

Caso durante a posse provisória dos bens ficar provada a época exata do falecimento do ausente, essa data será considerada como a abertura da sucessão aos herdeiros.

Por fim, se após a posse provisória acontecer de o ausente aparecer ou ficar provado ao menos sua existência, ou seja, de que não está morto, as vantagens obtidas pelos sucessores serão cessadas.

DA SUCESSÃO DEFINITIVA

Eis então que se chega à sucessão definitiva. Após todo o procedimento da sucessão provisória visto acima, para se chegar à definitiva, é preciso aguardar 10 anos após o trânsito em julgado da sentença que abriu a sucessão provisória.

Passado esse prazo, os interessados poderão requerer a sucessão definitiva e o levantamento das cauções prestadas.

Quando o art. 37 do CC fala em "cauções prestadas", entende-se que são aquelas garantias prestadas pelos herdeiros para se imitirem na posse dos bens do ausente.

Outra forma possível de se pedir a sucessão definitiva é se ficar provado que o ausente está com 80 anos de idade e que as últimas notícias a respeito de seu paradeiro tenham 5 anos.

E se caso o ausente, anos depois, reapareça, o que acontece? A lei diz que se nos 10 anos seguintes à abertura da sucessão definitiva o ausente reaparecer, ou então se algum ascendente ou descendente seu assim fizer, eles poderão entrar nos bens, mas os tomarão no estado em que se acharem.

Por fim, se nos 10 anos após a sucessão definitiva o ausente não regressar ou nenhum interessado promover a sucessão definitiva, os bens arrecadados passarão ao domínio do Município ou Distrito Federal, caso localizados nas respectivas circunscrições, ou se incorporará ao domínio da União, se situados em território federal.

+ EXERCÍCIOS DE FIXAÇÃO

01. Ano: 2017 Banca: IBFC Órgão: EBSERH Prova: IBFC - 2017 - EBSERH - Advogado (HUGG-UNIRIO)

Assinale a alternativa correta sobre a ausência após analisar os itens a seguir e considerar as normas da Lei Federal nº 10.406, de 10/01/2002 (Código Civil).

A) Desaparecendo uma pessoa do seu domicílio sem dela haver notícia, ainda que tenha deixado representante ou procurador a quem caiba administrar-lhe os bens, o Ministério Público, a requerimento de qualquer interessado, declarará a ausência, e nomear-lhe-á curador

B) O cônjuge do ausente, estando ou não separado judicialmente, ou de fato por mais de dois anos antes da declaração da ausência, será o seu legítimo curador

C) O cônjuge do ausente, ainda que separado de fato por qualquer tempo antes da declaração da ausência, será o seu legítimo curador

D) Para ser curador, entre os descendentes, o mais remoto precede o mais próximo

E) Em falta do cônjuge, a curadoria dos bens do ausente incumbe aos pais ou aos descendentes, nesta ordem, não havendo impedimento que os iniba de exercer o cargo.

02. Ano: 2015 Banca: IBFC Órgão: SAEB-BA Prova: IBFC - 2015 - SAEB-BA - Técnico de Registro de Comércio

Considerando as disposições do código civil sobre a curadoria dos bens do ausente, assinale a alternativa INCORRETA.

A) Desaparecendo uma pessoa do seu domicílio sem dela haver notícia, se não houver deixado representante ou procurador a quem caiba administrar-lhe os bens, o juiz, a requerimento de qualquer interessado ou do Ministério Público, declarará a ausência, e nomear-lhe-á curador.

B) Será declarada a ausência, e se nomeará curador, quando o ausente deixar mandatário que não queira ou não possa exercer ou continuar o mandato, ou se os seus poderes forem insuficientes.

C) O juiz, que nomear o curador, fixar-lhe-á os poderes e obrigações, conforme as circunstâncias, observando, no que for aplicável, o disposto a respeito dos tutores e curadores.

D) O cônjuge do ausente, ainda que separado judicialmente, ou de fato, será o seu legítimo curador.

E) Em falta do cônjuge, a curadoria dos bens do ausente incumbe aos pais ou aos descendentes, nesta ordem, não havendo impedimento que os iniba de exercer o cargo.

» GABARITO

01. Letra E.
02. Letra D.

DAS PESSOAS JURÍDICAS

Conceito: a pessoa jurídica pode ser conceituada como o conjunto de bens ou pessoas, a quem a lei atribui personalidade jurídica, destinada a um fim.

CLASSIFICAÇÃO DAS PESSOAS JURÍDICAS

As pessoas jurídicas podem ser classificadas como de direito público e de direito privado. Como a própria terminologia sugere, a pessoa jurídica de direito público será constituída com fins públicos e geralmente sua atividade está ligada a benefícios em prol do Estado.

As pessoas jurídicas de direito público são classificadas em de direito público interno e externo.

Direito público externo: são entidades internacionais, que não são regidas pela lei brasileira. São os Estados estrangeiros regidos pelo direito internacional.

Ex: Santa Sé, UNESCO, ONU.

Direito público interno: entidades que são criadas e submetidas ao direito brasileiro.

Essa classificação ainda é dividida em pessoas jurídicas de direito público interno da administração direta e indireta.

As pessoas jurídicas da administração direta são as entidades federativas, como a União, Estados, o Distrito Federal e os Territórios e os Municípios.

Já as pessoas jurídicas da administração indireta são entidades descentralizadas que atuam paralelamente nas funções do interesse público, sendo elas as autarquias, fundações e demais entidades de caráter público criadas por lei.

A classificação das pessoas jurídicas de direito público fica assim:

× União
× Estados, o Distrito Federal e os Territórios
× Municípios

× Autarquias, inclusive associações públicas

× Demais entidade de caráter público criadas por lei.

Por outro lado, temos as pessoas jurídicas de direito privado, constituídas com fins particulares, podendo ou não obter lucro com o desenvolvimento de sua atividade.

São elas:

× Associações

× Sociedades

× Fundações

× Organizações religiosas

× Partidos políticos

No tocante às organizações religiosas, o CC, com o intuito de proteger a liberdade religiosa (art. 5°, incisos VI, VII e VIII, da CF), deixou bem claro que sua criação, organização, estruturação interna e funcionamento é livre, de modo que o poder público não pode negar o reconhecimento de seus atos constitutivos.

Essa é a ideia de que o Brasil é um estado laico, não confessional, e, portanto, não tem uma religião oficial, de maneira que o exercício da liberdade religiosa é livre, inclusive com a criação das organizações religiosas que possibilitem às pessoas o exercício de sua fé e crença.

Quanto aos partidos políticos, o CC apenas o classifica como pessoa jurídica de direito público, não trazendo uma regulamentação de sua criação, funcionamento e estruturação, o que é feito por lei própria.

INÍCIO DA PESSOA JURÍDICA

A existência legal da pessoa jurídica tem início com a inscrição de seu ato constitutivo no respectivo registro. Em alguns casos, algumas pessoas jurídicas precisam de autorização ou aprovação do Poder Executivo.

Exemplificando: caso alguém queira, por exemplo, constituir uma sociedade, primeiro terá de redigir um ato constitutivo, o famoso contrato social, e posteriormente levar ao órgão de registro.

A depender da atividade desenvolvida, a pessoa jurídica pode ser registrada na Junta Comercial do respectivo Estado ou no cartório de registro de pessoas jurídicas.

O direito de pedir anulação da pessoa jurídica de direito privado, por defeito do ato constitutivo, está sujeita a uma decadência de 3 anos (art.

45, parágrafo único, do CC), prazo este que tem início da publicação da inscrição do registro.

OBS: não confunda! A decadência de 3 anos tem início na publicação da inscrição do registro da pessoa jurídica, e não da data do próprio registro.

O registro do ato constitutivo tem que seguir alguns requisitos e declarar as seguintes informações:

I. a denominação, os fins, a sede, o tempo de duração e o fundo social, quando houver;

II. o nome e a individualização dos fundadores ou instituidores, e dos diretores;

III. o modo por que se administra e representa, ativa e passivamente, judicial e extrajudicialmente;

IV. se o ato constitutivo é reformável no tocante à administração, e de que modo;

V. se os membros respondem, ou não, subsidiariamente, pelas obrigações sociais;

VI. as condições de extinção da pessoa jurídica e o destino do seu patrimônio, nesse caso.

DESCONSIDERAÇÃO DA PERSONALIDADE JURÍDICA

O art. 50 do CC traz o instituto denominado desconsideração da personalidade. Diz o artigo:

Art. 50. Em caso de abuso da personalidade jurídica, caracterizado pelo desvio de finalidade ou pela confusão patrimonial, pode o juiz, a requerimento da parte, ou do Ministério Público quando lhe couber intervir no processo, desconsiderá-la para que os efeitos de certas e determinadas relações de obrigações sejam estendidos aos bens particulares de administradores ou de sócios da pessoa jurídica beneficiados direta ou indiretamente pelo abuso.

Antes de entendermos o conceito desse instituto, devemos lembrar que a pessoa jurídica, por ter personalidade jurídica própria, tem também autonomia jurídica e patrimonial. Isso significa, portanto, que ela é um sujeito de direitos na ordem civil e pode realizar negócios jurídicos, bem como ter seus próprios bens separados dos bens de seus sócios.

Ocorre que muitas vezes os sócios abusam dessa autonomia patrimonial com o objetivo, por exemplo, de fraudar credores. A prática acontece quando a pessoa jurídica possui contra si inúmeras ações judiciais e cobranças de seus credores e, para fraudar essa situação, o sócio transfere os bens da pessoa jurídica para a pessoa física do sócio,

Para coibir isso, portanto, há o instituto da desconsideração da personalidade jurídica (*disregard doctrine*), a qual permite que em caso de abuso da personalidade jurídica, o juiz, a requerimento da parte ou do Ministério Público, desconsidere os efeitos de algumas obrigações de modo a atingir os bens dos administradores ou sócios da pessoa jurídica que foi beneficiado por esse abuso.

Vou exemplificar para ficar mais claro: suponha que a empresa ABC ingresse com uma ação contra a Empresa Sol por uma dívida não paga. A Empresa Sol possui alguns bens em seu nome que poderão ser utilizados posteriormente para garantir a execução da dívida. Suponha que a empresa tenha em seu nome 5 veículos. Um dos sócios, para evitar que esses carros sejam penhorados, realiza um negócio jurídico maquiado para transferir os bens ao seu nome, pois sabe que não faz parte da ação judicial e não será atingido pela penhora. Provado no processo que o objetivo foi fraudar a execução através dessa transferência de bens, o juiz determina que a execução atinja também os bens dos sócios, podendo assim penhorar aqueles veículos que antes eram da própria pessoa jurídica.

Desvio de finalidade pode ser considerado como a utilização da pessoa jurídica com o propósito de lesar credores e para a prática de atos ilícitos de qualquer natureza.

Entende-se por confusão patrimonial a ausência de separação de fato entre os patrimônios, caracterizada por:

× cumprimento repetitivo pela sociedade de obrigações do sócio ou do administrador ou vice-versa;
× transferência de ativos ou de passivos sem efetivas contraprestações, exceto os de valor proporcionalmente insignificante; e
× outros atos de descumprimento da autonomia patrimonial.

Vale consignar ainda que a mera existência de grupo econômico sem a presença dos requisitos de que trata o caput deste artigo não autoriza a desconsideração da personalidade da pessoa jurídica.

Por fim, não constitui desvio de finalidade a mera expansão ou a alteração da finalidade original da atividade econômica específica da pessoa jurídica.

TEORIA MAIOR E MENOR DA DESCONSIDERAÇÃO DA PERSONALIDADE JURÍDICA

A doutrina civilista faz um destaque a respeito de duas teorias da desconsideração da personalidade jurídica: as teorias maior e menor.

A teoria maior prega que a desconsideração só é possível em caso de confusão patrimonial, como no exemplo dado acima, em que os bens de uma pessoa jurídica foram transferidos ao sócio para fraudar credores.

Vê-se, portanto, que essa foi a teoria adotada pelo CC.

Por outro lado, a teoria menor possibilita que a desconsideração seja possível pelo simples inadimplemento da dívida.

Essa teoria é geralmente aplicada no âmbito do direito do consumidor e no âmbito trabalhista, por entender que as pessoas ali envolvidas são hipossuficientes econômicos, havendo essa proteção maior.

O Código de Defesa do Consumidor vai tratar dessa teoria em seu art. 28:

Art. 28. O juiz poderá desconsiderar a personalidade jurídica da sociedade quando, em detrimento do consumidor, houver abuso de direito, excesso de poder, infração da lei, fato ou ato ilícito ou violação dos estatutos ou contrato social. A desconsideração também será efetivada quando houver falência, estado de insolvência, encerramento ou inatividade da pessoa jurídica provocados por má administração.

Veja pela leitura do dispositivo que o CDC é mais amplo e traz outras hipóteses que permitam desconsiderar a personalidade jurídica.

Em âmbito trabalhista, usa-se a mesma ideia, aplicando-se o art. 28 do CDC por analogia.

DESCONSIDERAÇÃO DA PERSONALIDADE JURÍDICA INVERSA

A desconsideração inversa é bem simples de entender. O conceito acima exemplificado era para casos em que a pessoa jurídica transfira algum bem para o nome de algum dos sócios.

Na inversa é basicamente o contrário: o sócio, pessoa física, está sendo demandado em juízo por algum credor e, para blindar seu patrimônio, transfere seus bens para uma pessoa jurídica.

Nesse caso, o juiz, verificada a tentativa de fraudar o pagamento de seus credores, irá permitir que os bens transferidos à pessoa jurídica por vontade de seus sócios sejam atingidos para garantir a execução.

Esse tipo de desconsideração encontra seu fundamento no art. 133, § 2º, do CPC.

+ EXERCÍCIOS DE FIXAÇÃO

01. Ano: 2022 Banca: CESPE / CEBRASPE Órgão: DPE-SE Prova: CESPE / CEBRAS-PE - 2022 - DPE-SE - Defensor Público

Assinale a opção correta acerca da desconsideração da personalidade jurídica.

A) A simples existência de grupo econômico autoriza a desconsideração da personalidade jurídica.

B) A desconsideração inversa da personalidade jurídica não encontra respaldo no ordenamento jurídico brasileiro.

C) Constitui desvio de finalidade a expansão ou a alteração da finalidade original da atividade econômica específica da pessoa jurídica.

D) O encerramento irregular da sociedade aliado à falta de bens capazes de satisfazer o crédito exequendo constituem motivos suficientes para a desconsideração da personalidade jurídica.

E) A confusão patrimonial caracteriza-se pela ausência de separação de fato entre o patrimônio do sócio e o da pessoa jurídica.

02. Ano: 2021 Banca: Quadrix Órgão: CRECI - 14ª Região (MS) Prova: Quadrix - 2021 - CRECI - 14ª Região (MS) - Advogado

No que se refere à teoria da desconsideração da personalidade jurídica, desenvolvida nos Estados Unidos e acolhida no ordenamento jurídico brasileiro, julgue o item. O cumprimento repetitivo pela sociedade de obrigações do sócio pode caracterizar confusão patrimonial e ensejar a desconsideração da personalidade jurídica para que os efeitos de determinadas obrigações sejam estendidos aos bens particulares de administradores ou de sócios.

( ) Certo.

( ) Errado.

» GABARITO

01. Letra E.

02. Certo.

DAS ASSOCIAÇÕES

As associações são pessoas jurídicas de direito privado constituídas pela união de pessoas para fins não econômicos.

Portanto, não é possível que uma associação tenha fins lucrativos, de modo a partilhar os lucros obtidos com seus associados.

Para sua constituição, é necessário que se faça um estatuto, que deve ter os seguintes requisitos, de acordo com o art. 54 do CC:

I. a denominação, os fins e a sede da associação
II. os requisitos para a admissão, demissão e exclusão dos associados
III. os direitos e deveres dos associados
IV. as fontes de recursos para sua manutenção
V. o modo de constituição e de funcionamento dos órgãos deliberativos
VI. as condições para a alteração das disposições estatutárias e para a dissolução.
VII. a forma de gestão administrativa e de aprovação das respectivas contas.

Ingressando uma pessoa na associação, passa ela a ter a condição de associada, a qual é intransmissível, em regra. Exceção a isso ocorre se o estatuto trouxer disposição diversa a respeito do assunto.

O CC também vai tratar a respeito da exclusão do associado, o que só é permitido se houver justa causa, reconhecida em procedimento que assegure ao associado o direito de defesa e de recurso.

Aqui o CC nada mais fez do que se coadunar com a Constituição Federal no tocante ao direito de defesa, pois previu esse direito para o associado que corra o risco de ser excluído.

+ EXERCÍCIOS DE FIXAÇÃO

01. Ano: 2019 Banca: IESES Órgão: Prefeitura de São José - SC Prova: IESES - 2019 - Prefeitura de São José - SC - Procurador Municipal

As associações constituem-se pela união de pessoas que se organizem para fins não econômicos. A respeito das associações, responda:

I. Se o associado for titular de quota ou fração ideal do patrimônio da associação, a transferência daquela importará, de per si, na atribuição da qualidade de associado ao adquirente ou ao herdeiro, salvo disposição diversa do estatuto.

II. Dissolvida a associação, o remanescente do seu patrimônio líquido será destinado à entidade de fins não econômicos designada no estatuto, ou, omisso este, por deliberação dos associados, à instituição municipal, estadual ou federal, de fins idênticos ou semelhantes, depois de deduzidas, se for o caso, as quotas ou frações ideais de titularidade de associados.

III. Por cláusula do estatuto ou, no seu silêncio, por deliberação dos associados, podem estes, antes da destinação do remanescente à entidade de fins não econômicos, receber em restituição, atualizado o respectivo valor, as contribuições que tiverem prestado ao patrimônio da associação.

Assinale a correta:

A) Apenas as assertivas II e III são verdadeiras.
B) Todas as assertivas são verdadeiras.
C) Apenas a assertiva III é verdadeira
D) Todas as assertivas são falsas.

02. Ano: 2019 Banca: FEPESE Órgão: Prefeitura de Florianópolis - SC Prova: FEPESE - 2019 - Prefeitura de Florianópolis - SC - Assistente Jurídico

É correto afirmar sobre as Pessoas Jurídicas.

A) A qualidade de associado é intransferível, se o estatuto não dispuser em contrário.
B) Constitui desvio de finalidade a alteração original da atividade econômica da Associação.
C) Nas associações, é vedada a instituição de categorias com vantagens especais.
D) Compete privativamente à assembléia geral deliberar sobre a exclusão de associado.
E) É dever do associado cumprir fielmente todos os direitos e obrigações recíprocos previstos no contrato social.

» GABARITO

01. Letra A.

02. Letra A.

DAS FUNDAÇÕES

A fundação é uma espécie de pessoa jurídica de direito privado constituído por um conjunto de bens e com uma certa finalidade.

A criação de uma fundação é feita por escritura pública ou testamento, onde será especificado o seu fim, bem como a maneira de administração desta fundação.

Em 2015 entrou em vigor a Lei 13.151, que trouxe algumas inovações no tema das fundações, dentre elas as finalidades que as fundações podem adotar. Veja quais são:

I. assistência social
II. cultura, defesa e conservação do patrimônio histórico e artístico
III. educação
IV. saúde
V. segurança alimentar e nutricional
VI. defesa, preservação e conservação do meio ambiente e promoção do desenvolvimento sustentável
VII. pesquisa científica, desenvolvimento de tecnologias alternativas, modernização de sistemas de gestão, produção e divulgação de informações e conhecimentos técnicos e científicos
VIII. promoção da ética, da cidadania, da democracia e dos direitos humanos
IX. atividades religiosas.

Portanto, a lei determina que a fundação só pode ser criada com algumas das finalidades acima descritas.

Quando os bens destinados à fundação não forem suficientes para a sua constituição, esses bens serão incorporados em outra fundação que tenha a mesma finalidade ou finalidade semelhante, exceto se o instituidor da fundação dispuser de modo diverso.

Caso a fundação seja criada por negócio entre vivos, seu instituidor será obrigado a transferir a propriedade sobre os bens dotados, e se assim não fizer, o registro pode se dar por mandado judicial.

O Ministério Público tem fundamental importância nas fundações, pois é ele quem deve velar por ela. O MP Estadual é quem ficará responsável pela fundação situada naquele Estado.

Caso a fundação esteja situada no Distrito Federal ou Território, o encargo caberá ao Ministério Público do Distrito Federal e Territórios.

Acontecendo de a fundação estender sua atividade por mais de um estado, o encargo será dividido ao Ministério Público respectivo de cada estado. Por exemplo: se a fundação exerce a atividade no Estado da Bahia, mas também do Estado de Minas Gerais, o MP da Bahia e o MP de Minas Gerais velarão por essa fundação.

A alteração do estatuto da fundação é possível em 3 casos:

× 2/3 dos competentes para gerir e representar a fundação;

× que a alteração não contrarie ou desvirtue o seu fim;

× seja aprovada pelo órgão do Ministério Público no prazo máximo de 45 dias.

Transcorrido o prazo de 45 dias, se o MP denegar a alteração do estatuto, o juiz pode suprir essa vontade a requerimento do interessado.

✚ EXERCÍCIOS DE FIXAÇÃO

01. Ano: 2012 Banca: FUNCAB Órgão: MPE-RO Prova: FUNCAB - 2012 - MPE-RO - Analista - Processual

De acordo com o Código Civil, velará pelas fundações:

A) o Ministério Público Federal, independentemente de onde estiverem situadas.

B) o Ministério Público do Estado onde estiverem situadas e, no caso de estenderem a atividade por mais de um Estado, o Ministério Público Federal.

C) o Ministério Público do Estado onde estiverem situadas, cabendo esse encargo, no caso de estenderem a atividade por mais de um Estado, ao Ministério Público de cada qual.

D) criadas pelo Poder Público, com personalidade jurídica pública, o respectivo Ministério Público, fazendo as vezes do Tribunal de Contas.

E) o Ministério Público apenas em questões estatutárias, não lhe incumbindo fiscalizar sua administração ou promover a destituição de administradores.

02. Ano: 2019 Banca: MPE-SP Órgão: MPE-SP Prova: MPE-SP - 2019 - MPE-SP - Promotor de Justiça Substituto

No que diz respeito às fundações, é correto afirmar:

A) Para que uma fundação seja regularmente constituída, deve ser realizado o registro do seu estatuto, mediante prévia aprovação do Ministério Público, ratificado em Assembleia com a especificação fundacional e a forma que ela será administrada.

B) São entidades de direito privado criadas por vontade de uma pessoa natural capaz de dotar bens livres no ato da sua constituição, administradas segundo as determinações de seus fundamentos e com especificação precisa de sua finalidade.

C) Eventual alteração do seu estatuto deve ser deliberada por três quartos dos competentes para gerir e representar a fundação mediante aprovação do Ministério Público, e tal alteração não pode contrariar ou desvirtuar seu fim.

D) Para criar uma fundação, o seu instituidor fará, por escritura pública ou testamento, dotação especial de bens livres, especificando o fim a que se destina.

E) Eventual alteração de seu estatuto deve ser deliberada em Assembleia por dois terços dos dirigentes presentes, dependendo de prévia aprovação do Ministério Público, e tal alteração não pode contrariar ou desvirtuar seu fim.

» GABARITO

01. Letra C.

02. Letra D.

DO DOMICÍLIO

O domicílio pode ser entendido como o vínculo entre a pessoa e um lugar para o exercício de direitos e obrigações.

O art. 70 do CC vai dizer que o domicílio da pessoa natural é o lugar onde estabelece sua residência com ânimo definitivo.

Residência, por sua vez, é simplesmente o local onde a pessoa escolhe para morar. Mesmo assim, caso a pessoa tenha mais de uma residência, é possível que qualquer delas seja considerado seu domicílio (art. 71).

CLASSIFICAÇÃO DE DOMICÍLIO

O domicílio pode ser classificado em: voluntário, necessário e de eleição.

A. Domicílio voluntário: é o local que a pessoa escolher ter como seu domicílio para fins de direitos e obrigações (art. 70 do CC).

B. Necessário: é o domicílio imposto pela lei, sem possibilidade de a pessoa escolher ou não (art. 76).

A lei enumera como necessário o domicílio do incapaz, do servidor público, do militar, do marítimo e do preso.

O domicílio do incapaz é o mesmo domicílio de seu representante ou assistente. O do servidor público é o lugar onde ele exerce permanentemente suas funções. Já o do militar, é o local onde serve. Caso o militar seja da Marinha ou Aeronáutica, o domicílio será a sede do comando a que encontrar imediatamente subordinado. O domicílio do marítimo é o local onde o navio está matriculado. E por fim, o do preso é o lugar onde cumprir a sentença.

Além dessas pessoas, o CC estabelece também o domicílio das entidades federativas, sendo eles: da União, o Distrito Federal; dos Estados e Territórios, as respectivas capitais; do Município, o lugar onde funcione a administração municipal; das demais pessoas jurídicas, o lugar onde funcionarem as respectivas diretorias e administrações, ou onde elegerem domicílio especial no seu estatuto ou atos constitutivos.

C. De eleição: é o domicílio escolhido pelas partes contratantes.

É comum de se ver em contratos, geralmente ao final, a chamada cláusula de eleição, de modo que os contratantes elegem um local para tratar das questões envolvendo aquele contrato (art. 78).

Quanto às relações concernentes à profissão da pessoa, o local onde a pessoa a exerce também pode ser considerado domicílio (art. 72), e se a pessoa exercer a profissão em vários locais, qualquer um deles será domicílio para fins legais.

+ EXERCÍCIOS DE FIXAÇÃO

01. Ano: 2022 Banca: IBADE Órgão: Câmara de Acrelândia - AC Prova: IBADE - 2022 - Câmara de Acrelândia - AC - Procurador Jurídico

Em consonância com o Código Civil Brasileiro, no que versa a respeito do domicílio, assinale a alternativa CORRETA.

A) Muda-se o domicílio, transferindo a residência, mesmo sem a intenção manifesta de mudar.

B) O domicílio dos Estados e Territórios é todos os municípios que abrange.

C) Ter-se-á por domicílio da pessoa natural, que não tenha residência habitual, a sede da prefeitura do lugar onde for encontrada.

D) Se a pessoa natural tiver diversas residências, onde, alternadamente, viva, considerar-se-á domicílio a residência onde se estabeleceu primeiro, apenas.

E) É também domicílio da pessoa natural, quanto às relações concernentes à profissão, o lugar onde está é exercida.

02. Ano: 2022 Banca: IBFC Órgão: DETRAN-DF Prova: IBFC - 2022 - DETRAN-DF - Analista em Atividades de Trânsito

Com relação às disposições do Código Civil sobre o domicílio, analise as afirmativas a seguir e dê valores Verdadeiro (V) ou Falso (F).

( ) Muda-se o domicílio, transferindo a residência, com a intenção manifesta de o mudar.

( ) Têm domicílio necessário o incapaz, o servidor público, o militar, o marítimo, o preso e o empresário.

( ) Nos contratos escritos, poderão os contratantes especificar domicílio onde se exercitem e cumpram os direitos e obrigações deles resultantes.

Assinale a alternativa que apresenta a sequência correta de cima para baixo.

A) V - V - V   B) V - F - V   C) F - F - V   D) V - V – F

» GABARITO

01. Letra E.   **02.** Letra B.

DOS BENS

Bem pode ser conceituado como uma coisa com valor econômico. Portanto, não é qualquer coisa que terá valor econômico.

Paralelo a isso, o conjunto desses bens constitui o patrimônio de uma pessoa.

CLASSIFICAÇÃO DE BENS

Os bens podem ser classificados como imóveis ou móveis; fungíveis ou infungíveis; divisíveis ou indivisíveis; consumíveis e não consumíveis; principal e acessório.

BENS IMÓVEIS

Os bens imóveis são o solo e tudo aquilo que lhe é incorporado natural ou artificialmente.

Por exemplo, se uma árvore nascer do solo, ela será considerada bem imóvel, uma vez que foi incorporada ao solo de maneira natural.

Se foi construída uma casa sobre o solo, tendo em vista a construção ter sido incorporada ao solo artificialmente, pelas mãos do homem, a casa também é considerada bem imóvel.

A lei também trata dos imóveis por definição legal. Consideram-se imóveis para os efeitos legais os direitos reais sobre imóveis e as ações que o asseguram, bem como o direito à sucessão aberta (herança).

Outro ponto é que há alguns casos em que determinados bens não perdem o caráter de imóvel, ainda que haja a impressão de que são bens móveis, por estarem separadas do solo. São os casos das edificações separadas do solo e que forem removidas para outro local, bem como os materiais provisoriamente separados de um prédio para nele ser reempregado (art. 81 do CC).

Os arts. 79 a 81 disciplinam os bens imóveis.

Art. 79. São bens imóveis o solo e tudo quanto se lhe incorporar natural ou artificialmente.

Art. 80. Consideram-se imóveis para os efeitos legais:

I. os direitos reais sobre imóveis e as ações que os asseguram;

II. o direito à sucessão aberta.

Art. 81. Não perdem o caráter de imóveis:

I. as edificações que, separadas do solo, mas conservando a sua unidade, forem removidas para outro local;

II. os materiais provisoriamente separados de um prédio, para nele se reempregarem.

BENS MÓVEIS

Bens móveis são aqueles que possuem movimento próprio ou de remoção por força alheia, sem que haja alteração da substância ou destinação econômico-social (art. 82).

O CC trata também dos móveis por determinação legal, sendo eles:

× as energias com valor econômico;

× os direitos reais sobre objetos móveis e as ações correspondentes;

× os direitos pessoais de caráter patrimonial e as respectivas ações

Agora, diferente do acima tratado, aqueles materiais que estão destinados a uma construção serão considerados móveis enquanto não forem empregados na obra.

Da mesma forma, os materiais provenientes de uma demolição e que não mais serão reempregados no empreendimento também conservam a qualidade de bens móveis.

Os bens móveis vêm disciplinados no art. 82:

Art. 82. São móveis os bens suscetíveis de movimento próprio, ou de remoção por força alheia, sem alteração da substância ou da destinação econômico-social.

Art. 83. Consideram-se móveis para os efeitos legais:

I. as energias que tenham valor econômico;

II. os direitos reais sobre objetos móveis e as ações correspondentes;

III. os direitos pessoais de caráter patrimonial e respectivas ações.

Art. 84. Os materiais destinados a alguma construção, enquanto não forem empregados, conservam sua qualidade de móveis; readquirem essa qualidade os provenientes da demolição de algum prédio.

BENS FUNGÍVEIS E INFUNGÍVEIS

Bem fungível é aquele que pode ser substituído por outro de mesma espécie, qualidade e quantidade sem que haja perda de seu valor único.

Ex: dinheiro, trigo.

O dinheiro é um bem fungível, porque se você possui uma quantia de R$ 100 em mãos em cédulas, esse valor pode ser trocado por outros R$ 100 e o valor continua o mesmo. Não se aprecia o papel do dinheiro, mas sim dinheiro em si.

Bem infungível, por outro lado, é aquele bem especial, não suscetível de troca por outro de mesma qualidade.

É o caso, por exemplo, de um quadro de algum pintor famoso. O quadro da Mona Lisa, de Leonardo da Vinci, situado atualmente no Museu do Louvre, em Paris, é único e não pode ser substituído. Ainda que haja réplicas comercializadas por aí, o valor obviamente não é o mesmo. É essa apreciação do bem que o torna infungível.

Art. 85. São fungíveis os móveis que podem substituir-se por outros da mesma espécie, qualidade e quantidade.

Art. 86. São consumíveis os bens móveis cujo uso importa destruição imediata da própria substância, sendo também considerados tais os destinados à alienação.

BENS DIVISÍVEIS E INDIVISÍVEIS

O bem divisível, como é intuitivo, é aquele que pode ser partilhado sem a perda de seu valor econômico, ao passo que o indivisível não é passível de divisão (ex: um veículo não pode ser partilhado em vários pedaços).

BENS CONSUMÍVEIS E NÃO CONSUMÍVEIS

Bem consumível é aquele que importa na sua destruição imediata de sua substância com o uso, a exemplo de um alimento que, uma vez ingerido, deixará de existir, perdendo o valor econômico. De outro lado, bem não consumível é aquele que não se destrói de imediato, que permite seu uso contínuo (ex: veículos).

BENS SINGULARES E COLETIVOS

Os bens singulares são aqueles que, embora reunidos, se consideram de per si , independentemente dos demais. Já os bens coletivos são aqueles que constituem uma universalidade, ou de fato ou de direito.

Constitui universalidade de fato a pluralidade de bens singulares que, pertinentes à mesma pessoa, tenham destinação unitária. Os bens que formam essa universalidade podem ser objeto de relações jurídicas próprias.

Por outro lado, a universalidade de direito é o complexo de relações jurídicas, de uma pessoa, dotadas de valor econômico.

BENS RECIPROCAMENTE CONSIDERADOS

Bem principal é aquele que existe sobre si, abstrata ou concretamente, e acessório é aquele bem cuja existência supõe a do principal. Ou seja, só existe bem acessório se houver bem principal.

As pertenças são os bens que não constituem partes integrantes do bem e se destinam, de modo duradouro, ao uso, ao serviço ou ao aformoseamento de outro bem.

Os negócios jurídicos a respeito do bem principal não abrangem as pertenças, exceto se o contrário resultar da lei, da manifestação de vontade, ou das circunstâncias do caso.

Apesar de ainda não separados do bem principal, os frutos e produtos podem ser objeto de negócio jurídico.

A lei trata ainda das benfeitorias, as quais se classificam em: ser voluptuárias, úteis ou necessárias

Voluptuárias: são as de mero deleite ou recreio, que não aumentam o uso habitual do bem, ainda que o tornem mais agradável ou sejam de elevado valor.

Úteis: são as benfeitorias que aumentam ou facilitam o uso do bem.

Necessárias: benfeitorias que têm por fim conservar o bem ou evitar que se deteriore.

Por fim, não serão consideradas benfeitorias aqueles melhoramentos ou acréscimos sobrevindos ao bem sem a intervenção do proprietário, possuidor ou detentor, como por exemplo, um acréscimo ao bem proveniente da natureza. Nesse caso, está-se a falar da aluvião e avulsão (arts. 1.250 e 1.251 do CC), quando um acréscimo de terra, por força da natureza, passa a fazer parte integrante do bem principal.

BENS PÚBLICOS

Os bens públicos são aqueles bens do domínio nacional que pertencem às pessoas jurídicas de direito público interno (União, Estados, o Distrito Federal e os Territórios, os Municípios, as autarquias, inclusive as associações públicas, as demais entidades de caráter público criadas por lei.

Agora a ideia do que sejam bens particulares se dá por exclusão. Não sendo bens pertencentes a uma das pessoas jurídicas de direito público, serão bens particulares, seja qual for a pessoa a que pertencerem.

Os bens públicos podem ser classificados:

× os de uso comum do povo, tais como rios, mares, estradas, ruas e praças

× os de uso especial, tais como edifícios ou terrenos destinados a serviço ou estabelecimento da administração federal, estadual, territorial ou municipal, inclusive os de suas autarquias;

× os dominicais, que constituem o patrimônio das pessoas jurídicas de direito público, como objeto de direito pessoal, ou real, de cada uma dessas entidades.

Bens dominicais são aqueles pertencentes às pessoas jurídicas de direito público a que se tenha dado estrutura de direito privado.

CARACTERÍSTICAS DOS BENS PÚBLICOS

Inalienabilidade: os bens públicos de uso comum do povo e os de uso especial são inalienáveis, enquanto conservarem a sua qualificação, na forma que a lei determinar.

Já os bens públicos dominicais podem ser alienados, desde que se observe as exigências da lei.

Não suscetível de prescrição aquisitiva: significa que os bens públicos não estão sujeitos a usucapião. A usucapião é a forma de aquisição da propriedade pelo decurso do tempo sem o seu uso.

Uso gratuito ou retribuído: o uso comum dos bens públicos pode ser gratuito ou retribuído, conforme for estabelecido legalmente pela entidade a cuja administração pertencerem.

✛ EXERCÍCIOS DE FIXAÇÃO

01. Ano: 2022 Banca: Avança SP Órgão: Prefeitura de Laranjal Paulista - SP Prova: Avança SP - 2022 - Prefeitura de Laranjal Paulista - SP - Guarda Civil Municipal

Todos os bens abaixo informados considerados imóveis para efeitos legais, de acordo com nosso Código Civil, exceto:

A) Os direitos reais sobre imóveis e as ações que os asseguram

B) O direito à sucessão aberta.

C) As edificações que, separadas do solo, mas conservando a sua unidade, forem removidas para outro local.

D) Os materiais, provisoriamente, separados de um prédio, para nele se reempregarem.

E) As energias que tenham valor econômico.

02. Ano: 2022 Banca: IBADE Órgão: Câmara de Acrelândia - AC Prova: IBADE - 2022 - Câmara de Acrelândia - AC - Procurador Jurídico

Segundo o Código Civil Brasileiro, as benfeitorias de mero deleite ou recreio, que não aumentam o uso habitual do bem, ainda que o tornem mais agradável ou sejam de elevado valor são chamadas de:

A) voluptuárias.

B) úteis.

C) necessárias.

D) opcionais.

E) utilizáveis.

» GABARITO

01. Letra E.

02. Letra A.

DOS FATOS JURÍDICOS

O fato jurídico pode ser conceituado como um acontecimento da vida que tem interesse no sistema jurídico.

Portanto, todo acontecimento da vida que possa surtir efeito jurídico será considerado fato jurídico.

Por exemplo, a celebração de um casamento é um acontecimento da vida que tem efeitos jurídicos e, portanto, é um fato jurídico. Da mesma forma, quando alguém faz um testamento, ela está expressando a vontade de deixar seu patrimônio para determinadas pessoas. Esse acontecimento da vida tem efeitos jurídicos, o que o torna um fato jurídico.

Outro ponto interessante trazido pela doutrina. Se um raio cai em determinado ponto de uma cidade, é apenas um fato qualquer. Agora se esse raio atingir uma árvore, que despenca e cai em cima de um veículo, o fato se torna jurídico, porque trouxe um prejuízo ao proprietário do automóvel.

Ademais, o acontecimento da vida será um fato jurídico quando estiver baseada numa norma jurídica. Se aquele fato se amolda a uma regra legal, essa norma irá considerar o acontecimento um fato jurídico.

Veja um exemplo bem didático: suponha que dois amigos estejam conversando e um deles, ali mesmo na conversa, expressa a vontade de deixar todos os bens para ele, pegando, inclusive, um pedaço de papel para destacar os bens que serão deixados.

Ora, houve um acontecimento da vida, mas esse acontecimento não seguiu as regras do testamento. Portanto, esse acontecimento não tem efeitos jurídico e não pode ser considerado um fato jurídico. Apenas quando essa pessoa cumprir com os requisitos legais do testamento é que se falará em fato jurídico apto a produzir os efeitos da norma

Dentro do plano dos fatos jurídicos, há ainda que se diferenciar fatos e atos. O fato jurídico é o acontecimento da vida que pode sofrer os efeitos jurídicos, ao passo que o ato jurídico é uma manifestação de vontade, isto é, que vem do homem e que produz efeitos na esfera jurídica.

Os atos jurídicos podem ser divididos em: atos jurídicos *stricto sensu* e negócios jurídicos.

Os atos jurídicos stricto sensu são aqueles que se originam da vontade do homem, mas os efeitos decorrem da lei. Ex: reconhecimento de filho é um ato jurídico cujos efeitos provém da lei.

Os negócios jurídicos, por sua vez, também se originam da vontade do homem, mas os efeitos são por ele escolhidos. Ex: contrato de compra e venda é negócio jurídico, uma vez que as partes estão livres para elencar seus efeitos.

NEGÓCIO JURÍDICO

O negócio jurídico é o ato advindo do homem, cujos efeitos são por ele estabelecidos. É o que se vê nos contratos, na celebração de casamento, testamentos etc.

O elemento principal do negócio jurídico é a vontade. Duas ou mais pessoas se unem para celebrar um negócio jurídico, e esse negócio jurídico só terá validade e eficácia pela manifestação de vontade das partes.

O negócio jurídico é baseado em três planos: o da existência, validade e eficácia.

O plano da existência traz os pressupostos para que o negócio jurídico seja firmado. Para tanto, é necessário que no negócio jurídico haja um agente, um objeto, a forma e a vontade.

Verificada a existência destes pressupostos, passa-se ao plano da validade, que irá trazer uma qualificação aos pressupostos de existência do negócio. O plano da validade, portanto, vai exigir que esse agente seja capaz, que o objeto seja lícito, possível, determinado ou determinável, que a forma seja prevista ou não vedada em lei, e que a vontade seja livre de vícios.

O art. 104 elenca os elementos de validade do negócio, a saber:

Art. 104. A validade do negócio jurídico requer:

I. agente capaz;
II. objeto lícito, possível, determinado ou determinável;
III. forma prescrita ou não defesa em lei.

NEGÓCIOS REALIZADOS COM RESERVA MENTAL (ART. 110 DO CC)

A manifestação de vontade irá subsistir ainda que o seu autor haja feito a reserva mental de não querer o que manifestou, salvo se dela o destinatário tinha conhecimento.

Qual a interpretação que se tira disso? Pode-se entender reserva mental como sendo o objetivo secreto de não cumprir com o determinado, ou seja, a pessoa declara intencionalmente que irá cumprir com as cláusula de um determinado jurídico, mas no seu interior a vontade é de não cumprimento.

Caso o negócio jurídico seja celebrado com reserva mental e a outra parte não tinha conhecimento de que a vontade do contratante não era de cumprir o combinado, sua vontade continuará sendo válida.

Por outro lado, se uma das partes toma conhecimento da reserva mental de não cumprir o contrato, o negócio será resolvido em perdas e danos.

AUTOCONTRATO OU CONTRATO CONSIGO MESMO (ART. 117 DO CC)

O contrato feito consigo mesmo é considerado anulável, conforme diz o art. 117 do CC, a saber:

Art. 117. Salvo se o permitir a lei ou o representado, é anulável o negócio jurídico que o representante, no seu interesse ou por conta de outrem, celebrar consigo mesmo.

Por exemplo: suponha que Maria possua alguns imóveis e deixa Antônio como seu procurador para vender alguns desses bens, pois ela precisa sair do Brasil. Antônio, então, com o objetivo de adquirir um desses imóveis, realiza negócio consigo mesmo, de um lado na condição de procurador e na outra na condição de comprador, mas vendendo o imóvel a si mesmo abaixo do valor de mercado.

Por conta disso, a lei considera que esse negócio jurídico é anulável, tendo em vista que, num primeiro momento, a intenção real da venda não era pelo preço abaixo do mercado.

INVALIDADE DO NEGÓCIO JURÍDICO

Dentro do âmbito do negócio jurídico, há casos em que ele pode ser considerado inválido. As hipóteses de invalidez do negócio devem ser trazidas pela lei, pois é ela quem controla sua validade. E no que se refere à invalidade do negócio jurídico, o Brasil adota o sistema que prevê a nulidade absoluta e a relativa.

A nulidade é o fenômeno que vai impedir que o negócio jurídico produza seus efeitos, tendo em vista não ter observado os requisitos legais.

A nulidade se divide em absoluta e relativa.

A nulidade absoluta é a mais grave delas, pois há um interesse público subjacente, de modo que não se convalesce com o tempo e pode ser declarado de ofício pelo juiz. O art. 168 do CC diz que a nulidade absoluta pode ser alegada por qualquer interessado, ou pelo Ministério Público, quando lhe couber intervir. E como dito, seu parágrafo único vai nos dizer que a nulidade deve ser pronunciada pelo juiz.

A nulidade relativa por sua vez, mesmo não tendo observados os requisitos do negócio jurídico, permite que seu vício seja afastado para que fique intacta a produção dos efeitos.

CAUSAS DE NULIDADE

As causas de nulidade são trazidas pelo art. 166 e 167 do CC:

Art. 166. É nulo o negócio jurídico quando:

I. celebrado por pessoa absolutamente incapaz;
II. for ilícito, impossível ou indeterminável o seu objeto;
III. o motivo determinante, comum a ambas as partes, for ilícito;
IV. não revestir a forma prescrita em lei;
V. for preterida alguma solenidade que a lei considere essencial para a sua validade;
VI. tiver por objetivo fraudar lei imperativa;
VII. a lei taxativamente o declarar nulo, ou proibir-lhe a prática, sem cominar sanção.

Art. 167. É nulo o negócio jurídico simulado, mas subsistirá o que se dissimulou, se válido for na substância e na forma.

Então, se uma pessoa absolutamente incapaz, com 14 anos, por exemplo, realize um negócio jurídico, esse negócio será nulo de pleno direito, não havendo como sanar seu vício. O negócio, portanto, terá de deixar de existir, por não cumprir o requisito de validade, que exige a presença de um agente capaz.

Da mesma maneira se dá com o negócio jurídico simulado, que é aquele firmado com uma declaração de vontade simulada. Por exemplo, o art. 550 do CC vai nos dizer que a doação de bem por parte do cônjuge adúltero em prol de sua concubina pode ser anulada pelo outro cônjuge.

Para maquiar isso, o cônjuge adúltero, então, faz uma doação para o primo da concubina, com a promessa de que quem irá usufruir do bem é ela. Isso, na verdade, é um negócio simulado, porque a doação foi feita ao primo, mas a real intenção era a doação para a concubina.

Portanto, em se tratando de um negócio jurídico simulado, está ele fadado à nulidade, não podendo produzir seus efeitos.

CAUSAS DE ANULABILIDADE

As causas de anulabilidade do negócio vêm descritas no art. 171 do CC:

Art. 171. Além dos casos expressamente declarados na lei, é anulável o negócio jurídico:

I. por incapacidade relativa do agente;
II. por vício resultante de erro, dolo, coação, estado de perigo, lesão ou fraude contra credores.

O inciso I, então, vai nos dizer que o negócio praticado é anulável, ou seja, é suscetível de anulação, quando realizado por relativamente incapaz (maior de 16 anos e menor de 18, por exemplo). Caso não seja anulado, ele poderá produzir seus efeitos, sanando seus defeitos.

O inciso II traz os denominados vícios de consentimento, que estão ligados à manifestação de vontade do agente quando da celebração do negócio jurídico.

Os vícios de consentimento do negócio são o erro, o dolo, a coação, a lesão, a fraude contra credores e o estado de perigo.

ERRO

O erro é uma equivocada percepção da realidade. Nesse tipo de vício o agente, por si só, ao realizar o negócio, se equivoca sobre algum elemento característico.

Por exemplo, o agente que firma negócio jurídico quando compra um relógio dourado achando que era ouro verdadeiro se equivocou quanto ao objeto.

Ou então, quando o agente compra o ingresso de um show achando ser de um cantor famoso, mas que na verdade era de um sósia, que realiza espetáculos como *cover* do verdadeiro artista.

O erro deve incidir sobre os elementos essenciais do negócio.

DOLO

O dolo é o vício de consentimento em que alguém, usando de malícia, acaba por enganar o agente a realizar o negócio jurídico.

Diferente do erro, a manifestação de vontade é viciada por induzimento de outra pessoa. No erro, o agente se equivoca sozinho; no dolo há alguém para induzir que o agente se equivoque.

O dolo pode ser dividido em dolo principal e dolo acidental.

O dolo principal é aquele que vai acarretar a nulidade do negócio jurídico, pois sem ele o negócio não teria sido realizado.

Já o dolo acidental vai permitir que os efeitos do negócio jurídico permanecem hígidos, mas irá acarretar perdas e danos ao prejudicado.

O dolo acidental, portanto, só obriga à satisfação das perdas e danos, e mesmo havendo o dolo, o negócio seria realizado, embora por outro modo.

COAÇÃO

Coação é forçar alguém a fazer algo contra sua vontade. No caso, o agente é forçado, coagido, a realizar um negócio jurídico, maculando sua vontade.

Ou seja, a pessoa não tinha a intenção de realizar o negócio, mas, por uma pressão exercida por um terceiro, acaba por firmá-lo.

A coação pode ser dividida em absoluta, quando existe uma violência física para que seja firmado o negócio; e a coação moral ou relativa, quando a violência é psicológica.

A coação que irá, de fato, viciar a declaração da vontade, tem de ser tal que incuta ao paciente fundado temor de dano iminente e considerável à sua pessoa, à sua família, ou aos seus bens.

O juiz, ao apreciar a coação, levará em conta o sexo, a idade, a condição, a saúde, o temperamento do paciente e todas as demais circunstâncias que possam influir na gravidade dela.

Vale lembrar que a ameaça do exercício normal de um direito e o simples temor reverencial não são considerados coação.

ESTADO DE PERIGO

O estado de perigo é a situação de alguém que se encontra em perigo de vida, e por conta da necessidade de salvar a si próprio ou pessoa de sua família, de um grave dano conhecido da outra parte, acaba por assumir uma obrigação excessivamente onerosa.

É o caso, por exemplo, de pessoa que acaba por assinar o termo de responsabilidade de hospital particular para que uma cirurgia de emergência seja realizada, assumindo um alto custo diante da situação inelutável.

Nesse sentido, pode ser citada a seguinte ementa do Tribunal de Justiça do Estado de São Paulo:

"PRESTAÇÃO DE SERVIÇOS - Cobrança de prestação de serviços hospitalares Internação de paciente em estado grave - Termo de responsabilidade pelas despesas médicas assinado por uma amiga - Estado de perigo - Vício do consentimento comprovado - Invalidade do negócio jurídico - Sentença mantida - Recurso improvido. (TJSP; Apelação Cível 9263662-25.2005.8.26.0000; Relator (a): Carlos Nunes; Órgão Julgador: 28ª Câmara de Direito Privado; Foro Regional III - Jabaquara - 1ª V.CÍVEL; Data do Julgamento: 15/09/2009; Data de Registro: 07/10/2009)".

Dessa forma, quando uma pessoa assume uma obrigação excessivamente onerosa, a exemplo de despesas médico-hospitalares para salvar-se do risco de morte, é possível requerer em juízo a anulação do negócio jurídico e assim evitar que as despesas sejam cobradas.

LESÃO

A lesão ocorre quando uma pessoa assume obrigação excessivamente onerosa por premente necessidade ou inexperiência, independentemente do conhecimento da parte contrária.

O art. 157 do CC diz:

Art. 157. Ocorre a lesão quando uma pessoa, sob premente necessidade, ou por inexperiência, se obriga a prestação manifestamente desproporcional ao valor da prestação oposta.

A lesão possui os elementos objetivo e subjetivo.

Elemento objetivo: assumir uma prestação manifestamente desproporcional.

Elemento subjetivo: a premente necessidade ou inexperiência conhecidas ou não da parte contrária.

Para que fique caracterizada a lesão e a possível anulação do negócio, deve-se verificar a prestação manifestamente desproporcional no momento da realização do negócio, e não após. Em se verificando durante o contrato, o negócio permanece válido.

FRAUDE CONTRA CREDORES

A fraude contra credores se caracteriza quando o negócio jurídico é realizado pelo devedor com o intuito de prejudicar credores.

O art. 158 do CC vai dizer que os negócios de transmissão gratuita de bens ou remissão de dívida, se praticado pelo devedor já insolvente, ou por eles reduzido à insolvência, poderão ser anulados pelos credores, como lesivos dos seus direitos.

Paralelo a isso, serão anuláveis os contratos onerosos do devedor insolvente, quando a insolvência for notória, ou houver motivo para ser conhecida do outro contratante.

É o caso, por exemplo, do devedor que possui alguns bens em seu nome e deles desfaz justamente para não ter patrimônio suficiente para garantir futura execução da dívida.

Para tanto, os credores que quiserem ver o negócio anulado deverão ingressar em juízo com a denominada ação pauliana.

A fraude contra credores possui dois elementos: o objetivo e o subjetivo.

Objetivo: é o *eventus damni*, que nada mais é do que a disposição dos bens por parte do devedor.

Subjetivo: o *consilium fraudis*, que se caracteriza pela prática do negócio com o objetivo de fraudar terceiros.

Por fim, vale lembrar que se o negócio jurídico com o intento de fraudar credores se deu no curso de uma ação judicial, estaremos diante do instituto da fraude à execução, que vem disciplinada no Código de Processo Civil.

+ EXERCÍCIOS DE FIXAÇÃO

01. Ano: 2014 Banca: IADES Órgão: CONAB Prova: IADES - 2014 - CONAB - Direito No que se refere aos negócios jurídicos, de acordo com o Código Civil, assinale a alternativa correta.

A) A manifestação de vontade pelo representante, nos limites de seus poderes, produz efeitos em relação ao representado.

B) Em qualquer hipótese, é anulável o negócio jurídico que o representante, no seu interesse ou por conta de outrem, celebrar consigo mesmo.

C) O representante não é obrigado a provar às pessoas, com quem tratar em nome do representado, a sua qualidade e a extensão de seus poderes.

D) É válido e não anulável o negócio concluído pelo representante em conflito de interesses com o representado, se tal fato era ou devia ser do conhecimento de quem com aquele tratou.

E) Nas declarações de vontade, será atendido mais o sentido literal da linguagem do que a intenção nelas consubstanciada.

02. Ano: 2022 Banca: FEPESE Órgão: Prefeitura de Guatambú - SC Prova: FEPESE - 2022 - Prefeitura de Guatambú - SC - Procurador do Município - Edital nº 001

Assinale a alternativa correta de acordo com o Código Civil Brasileiro.

A) O erro de cálculo apenas autoriza a retificação da declaração de vontade.

B) Configura-se a coação quando alguém, premido da necessidade, assume obrigação excessivamente onerosa a fim de afastar-se de grave dano conhecido pela outra parte.

C) A identificação da pessoa a que se referir a declaração de vontade não afasta a nulidade do negócio jurídico realizado com erro.

D) O temor reverencial se equipara a negócio jurídico praticado com coação.

E) O falso motivo, ainda que não determinante para a conclusão do negócio jurídico, será causa de nulidade da avença.

» GABARITO

01. Letra A.

02. Letra A.

DOS ATOS ILÍCITOS

O ato ilícito é considerado o ato contrário ao direito, ou seja, é o ato antijurídico, que vai contra o sistema jurídico.

O ato ilícito estará caracterizado quando alguém, por ação ou omissão voluntária, negligência ou imprudência, violar algum direito e assim causar dano a alguma pessoa.

Esse dano pode ser tanto material como moral.

Portanto, o ato ilícito é composto de: conduta, culpa, violação de direito e dano.

Lembre-se ainda que o ato ilícito é diferente da ideia de responsabilidade civil. Essa vai ser uma consequência da prática do ato ilícito, que atribuirá ao agente causador do dano a obrigação de repará-lo.

ABUSO DE DIREITO

O art. 187 trata do abuso de direito, dizendo que também comete ato ilícito a pessoa titular de um direito que, quando o exerce, excede manifestamente os limites impostos pelo seu fim econômico ou social, pela boa-fé ou pelos bons costumes.

O titular do direito pode e deve praticá-lo, mas obviamente deve respeitar os limites desse direito para não cometer excessos. O cometimento de excessos permite que se configure o abuso de direito, ensejando também responsabilidade civil em caso de danos a outrem.

Um bom exemplo para se entender o ato ilícito e que já foi objeto de julgamento em tribunais é do síndico que cobra os condôminos inadimplentes e expõe seus nomes para que todos os outros vejam.

Ora, o condomínio, por seu síndico, obviamente tem o direito de cobrar as taxas condominiais inadimplidas para levantar receita. Todavia, a partir do momento em que passa a expor o nome dos devedores, ele excede um direito e, portanto, comete ato ilícito indenizável.

Nesse sentido, o Tribunal de Justiça de São Paulo já teve a oportunidade de julgar caso em que o síndico afixou o nome do devedor em público, expondo-o ao ridículo.

"Responsabilidade civil - Cobrança de dívida condominial - Afixação do nome do devedor em lugar público do condomínio — Abuso de direito (CC, art. 187) — Dano moral — Caracterização - Violação da intimidade (CRFB, art. 5°, X) — Valor demasiado da condenação, redução para 10 SM — Recurso parcialmente provido. (TJSP; Apelação Cível 9279142-38.2008.8.26.0000; Relator (a): Luiz Antonio Costa; Órgão Julgador: 7ª Câmara de Direito Privado; Foro Regional V - São Miguel Paulista - 2.VARA CIVEL; Data do Julgamento: 14/09/2011; Data de Registro: 19/09/2011)".

ATOS NÃO CONSIDERADOS ILÍCITOS

O art. 188 não considera atos ilícitos os praticados em legítima defesa ou no exercício regular de um direito, bem como a deterioração ou destruição de coisa alheia, ou a lesão a pessoa, com o fim de remover perigo iminente.

No caso da legítima defesa, pode-se considerar a mesma ideia lá do Direito Penal. A legítima defesa ocorre quando alguém repele injusta agressão usando moderadamente dos meios necessários.

A diferença é que no âmbito penal a legítima defesa terá os fins penais e excluirá a pena do agente, ao passo que no âmbito civil a legítima defesa reconhecerá que não houve ato ilícito e, por isso, não haverá dever de indenizar.

+ EXERCÍCIOS DE FIXAÇÃO

01. Ano: 2018 Banca: FAUEL Órgão: IPRERINE - PR Prova: FAUEL - 2018 - IPRERI-NE - PR - Advogado Sobre atos ilícitos no Direito Civil Brasileiro, assinale a alternativa INCORRETA:

A) Comete ato ilícito aquele que, por ação ou omissão voluntária, negligência ou imprudência, violar direito e causar dano a outrem, ainda que exclusivamente moral.

B) Comete ato ilícito, aquele que promover a deterioração ou destruição da coisa alheia, ou a lesão a pessoa, mesmo com o intuito de remover perigo iminente.

C) Não comete ato ilícito, os praticados em legítima defesa ou no exercício regular de um direito reconhecido

D) Comete ato ilícito o titular de um direito que, ao exercê-lo, excede manifestamente os limites impostos pelo seu fim econômico ou social, pela boa-fé ou pelos bons costumes.

02. Ano: 2020 Banca: GUALIMP Órgão: Prefeitura de Conceição de Macabu - RJ Prova: GUALIMP - 2020 - Prefeitura de Conceição de Macabu - RJ - Procurador

Sobre os atos ilícitos, assinale a alternativa correta de acordo com o Código Civil:

A) Os atos praticados em legítima defesa ou no exercício regular de um direito reconhecido constituem ato ilícito.

B) O titular de um direito que, ao exercê-lo, excede manifestamente os limites impostos pelo seu fim econômico ou social, pela boa-fé ou pelos bons costumes não comete ato ilícito.

C) Aquele que, por ação ou omissão voluntária, negligência ou imprudência, violar direito e causar dano a outrem, ainda que exclusivamente moral, comete ato ilícito.

D) A deterioração ou destruição da coisa alheia, ou a lesão à pessoa, a fim de remover perigo iminente constitui ato ilícito em regra.

» GABARITO

01. Letra B.

02. Letra C.

DA PRESCRIÇÃO E DECADÊNCIA

PRESCRIÇÃO

A prescrição é a perda da pretensão. Significa que quando a pessoa tem um direito violado, irá nascer para ela uma pretensão, a qual pode ser exercida em juízo. No entanto, essa pretensão tem prazo, uma vez que se a pessoa pudesse buscar a reparação de seu direito a qualquer tempo, viveríamos numa verdadeira situação de insegurança jurídica.

A prescrição, portanto, vai se dar quando o titular do direito se mantiver inerte, ou seja, nada fazer para buscar a reparação do direito.

Ademais, as causas de prescrição devem ser previstas em lei.

O art. 189 do CC diz:

Art. 189. Violado o direito, nasce para o titular a pretensão, a qual se extingue, pela prescrição, nos prazos a que aludem os arts. 205 e 206.

O art. 190 vai nos dizer que a exceção prescreve nos mesmo prazo que a pretensão. A pessoa que teve o direito violado pode buscar reparação através de uma ação, ao passo que esse mesmo direito também pode ser exercido em defesa (exceção). A exceção, portanto – o exercício do direito quando a parte está se defendendo – prescreverá no mesmo prazo da pretensão.

A esse respeito o Enunciado 415 da V Jornada de Direito Civil diz: "Art. 190: O art. 190 do Código Civil refere-se apenas às exceções impróprias (dependentes/não autônomas). As exceções propriamente ditas (independentes/autônomas) são imprescritíveis."

A exceção imprópria seria a manifestação de um direito em defesa, o qual, como visto, prescreve. Já na exceção própria não se busca uma pretensão do direito, mas apenas uma manifestação de defesa contra uma alegação, como é o caso de apenas se afirmar que uma dívida já foi quitada, por exemplo.

Embora a prescrição seja matéria de ordem pública, o CC permite sua renúncia, que pode ser expressa ou tácita. Passado o prazo da prescrição, aquele que se beneficiou dela pode manifestar a renúncia.

Por ex: supondo que Carlos deve a João a quantia de R$ 5.000,00, por ter assinado um contrato. Pela lei, João, o credor, tem 5 anos para buscar a reparação do direito, mas nada faz. Carlos então se beneficia dessa inércia de João. No entanto, Carlos, por uma questão moral, quer pagar a dívida mesmo após os 5 anos. Isso é basicamente uma forma de renúncia da prescrição.

Outra característica da prescrição é que ela não pode ser alterada por acordo das partes. Se as partes estabelecem um contrato, por exemplo, o prazo de prescrição não pode ser alterado.

Mais um ponto interessante é que a prescrição pode ser alegada em qualquer grau de jurisdição. Supomos que a pessoa entrou com uma ação na justiça para cobrar uma dívida, porém o fez fora do prazo prescricional. Mesmo assim, nem as partes nem o juiz verificaram que o prazo havia se escoado e assim acaba por julgar a ação. O processo, após vários recursos, chega no Supremo Tribunal Federal, e lá a Suprema Corte verifica que a dívida já estava prescrita. Nesse caso, será plenamente possível se declarar a prescrição.

DAS CAUSAS DE IMPEDIMENTO E SUSPENSÃO DA PRESCRIÇÃO

O CC vai dizer algumas causas que impedem que a prescrição corra e outras que suspendem seu curso.

O art. 197 diz que não corre a prescrição:

I.   entre os cônjuges, na constância da sociedade conjugal;
II. entre ascendentes e descendentes, durante o poder familiar;
III. entre tutelados ou curatelados e seus tutores ou curadores, durante a tutela ou curatela.

O art. 198 continua dizendo que não corre a prescrição:

I.   contra os incapazes de que trata o art. 3º;
II. contra os ausentes do País em serviço público da União, dos Estados ou dos Municípios;
III. contra os que se acharem servindo nas Forças Armadas, em tempo de guerra.

Por fim, o art. 199 estabelece:

Art. 199. Não corre igualmente a prescrição:

I. pendendo condição suspensiva;

II. não estando vencido o prazo;

III. pendendo ação de evicção.

Caso a ação tenha por base um fato que deva ser apurado no juízo criminal, a prescrição para a pretensão não correrá antes da sentença definitiva penal.

Em caso de obrigação solidária, com vários credores, a prescrição que beneficiar um desses credores só se estenderá aos demais caso o objeto da obrigação seja indivisível.

CAUSAS INTERRUPTIVAS DA PRESCRIÇÃO

Existem algumas situações jurídicas que irão interromper a prescrição, fazendo com que ela comece do zero. Essas situações estão previstas no art. 202 do CC:

Art. 202. A interrupção da prescrição, que somente poderá ocorrer uma vez, dar-se-á:

I. por despacho do juiz, mesmo incompetente, que ordenar a citação, se o interessado a promover no prazo e na forma da lei processual;

II. por protesto, nas condições do inciso antecedente;

III. por protesto cambial;

IV. pela apresentação do título de crédito em juízo de inventário ou em concurso de credores;

V. por qualquer ato judicial que constitua em mora o devedor;

VI. por qualquer ato inequívoco, ainda que extrajudicial, que importe reconhecimento do direito pelo devedor.

Suponha que haja um processo judicial. Um dos primeiros atos do juiz no processo é o despacho que ordena a citação do réu. Este despacho terá o poder de interromper a prescrição mesmo que o juiz seja incompetente. Porém, é importante deixar claro que essa situação deve seguir as regras da lei processual para que a interrupção da prescrição surta seus efeitos.

Outra hipótese de interrupção da prescrição está relacionada ao protesto. O protesto é um procedimento previsto na lei processual que tem o objetivo específico de citar o réu para que a prescrição seja interrom-

64 DIREITO CIVIL

pida. É um tipo de processo em que o réu recebe uma citação, mas que não haverá um mérito a ser discutido.

Também é possível interromper sua prescrição por meio de um ato extrajudicial que demonstre que o devedor reconhece aquele direito, como por exemplo, a assinatura de termo de comissão de dívida, mensagem ou e-mail que demonstre a essa manifestação de vontade por parte do devedor.

Interrompida a prescrição ela recomeçará do zero a partir do ato que teve o condão de interrompê-la. No caso de ação judicial, a exemplo do despacho do juiz que ordena a situação, essa prescrição voltará a correr do zero a partir do último ato do processo. A interpretação que se tem a respeito desse dispositivo é que a prescrição voltará a correr do trânsito em julgado da ação, ato este considerado o último do processo.

Diz o parágrafo único do art. 202:

Parágrafo único. A prescrição interrompida recomeça a correr da data do ato que a interrompeu, ou do último ato do processo para a interromper.

É possível que prescrição seja interrompida por qualquer interessado.

A interrupção da prescrição por um credor não aproveita aos outros; semelhantemente, a interrupção operada contra o co-devedor, ou seu herdeiro, não prejudica aos demais coobrigados.

A interrupção feita por um dos credores solidários irá aproveitar aos outros, bem como a interrupção efetuada contra o devedor solidário envolve os demais e seus herdeiros.

Por fim, a interrupção operada contra um dos herdeiros do devedor solidário não prejudica os outros herdeiros ou devedores, senão quando se trate de obrigações e direitos indivisíveis. A interrupção produzida contra o principal devedor prejudica o fiador.

DOS PRAZOS DE PRESCRIÇÃO

A regra geral do prazo de prescrição é de 10 anos se a própria lei não dispuser de prazo diverso. O CC traz inúmeros prazos a serem observados, a saber:

Prazos de prescrição

1 ano

I. a pretensão dos hospedeiros ou fornecedores de víveres destinados a consumo no próprio estabelecimento, para o pagamento da hospedagem ou dos alimentos;

II. a pretensão do segurado contra o segurador, ou a deste contra aquele, contado o prazo:

a) para o segurado, no caso de seguro de responsabilidade civil, da data em que é citado para responder à ação de indenização proposta pelo terceiro prejudicado, ou da data que a este indeniza, com a anuência do segurador;

b) quanto aos demais seguros, da ciência do fato gerador da pretensão;

III. a pretensão dos tabeliães, auxiliares da justiça, serventuários judiciais, árbitros e peritos, pela percepção de emolumentos, custas e honorários;

IV. a pretensão contra os peritos, pela avaliação dos bens que entraram para a formação do capital de sociedade anônima, contado da publicação da ata da assembléia que aprovar o laudo;

V. a pretensão dos credores não pagos contra os sócios ou acionistas e os liquidantes, contado o prazo da publicação da ata de encerramento da liquidação da sociedade.

2 anos

I. a pretensão para haver prestações alimentares, a partir da data em que se vencerem.

3 anos

I. a pretensão relativa a aluguéis de prédios urbanos ou rústicos;

II. a pretensão para receber prestações vencidas de rendas temporárias ou vitalícias;

III. a pretensão para haver juros, dividendos ou quaisquer prestações acessórias, pagáveis, em períodos não maiores de um ano, com capitalização ou sem ela;

IV. a pretensão de ressarcimento de enriquecimento sem causa;

V. a pretensão de reparação civil;

VI. a pretensão de restituição dos lucros ou dividendos recebidos de má-fé, correndo o prazo da data em que foi deliberada a distribuição;

VII. a pretensão contra as pessoas em seguida indicadas por violação da lei ou do estatuto, contado o prazo:

a) para os fundadores, da publicação dos atos constitutivos da sociedade anônima;

b) para os administradores, ou fiscais, da apresentação, aos sócios, do balanço referente ao exercício em que a violação tenha sido praticada, ou da reunião ou assembléia geral que dela deva tomar conhecimento;

c) para os liquidantes, da primeira assembléia semestral posterior à violação;

VIII. a pretensão para haver o pagamento de título de crédito, a contar do vencimento, ressalvadas as disposições de lei especial;

IX. a pretensão do beneficiário contra o segurador, e a do terceiro prejudicado, no caso de seguro de responsabilidade civil obrigatório.

4 anos

I. a pretensão relativa à tutela, a contar da data da aprovação das contas.

5 anos

I. a pretensão de cobrança de dívidas líquidas constantes de instrumento público ou particular;

II. a pretensão dos profissionais liberais em geral, procuradores judiciais, curadores e professores pelos seus honorários, contado o prazo da conclusão dos serviços, da cessação dos respectivos contratos ou mandato;

III. a pretensão do vencedor para haver do vencido o que despendeu em juízo.

PRESCRIÇÃO INTERCORENTE

A prescrição intercorrente é aquela que ocorre dentro de um processo judicial. É um tema mais ligado ao Direito Processual Civil. O CC, nesse assunto, apenas disciplina que a prescrição intercorrente segue os mesmos prazos de prescrição, tais como os vistos acima. A prescrição intercorrente será operada dentro do processo judicial, quando o titular da ação não mais der andamento ao processo, mantendo-se inerte.

A lei, então, entende que sua inércia não pode prejudicar o devedor, e por isso, impõe que a ação sempre esteja em andamento. Caso a execução no processo fique paralisada pelo prazo da prescrição, assim o declarará o juiz, sendo a ação extinta.

DECADÊNCIA

A decadência é a perda efetiva de um direito por conta da inércia de seu titular em exercê-lo.

Diferente da prescrição, a decadência atinge o próprio direito, de modo que a prescrição atinge a pretensão.

Mas como diferenciar? Por exemplo, a prescrição, por atingir a pretensão, ainda permite que a pessoa beneficiada possa dela renunciar, como explicado anteriormente. Mesmo havendo prescrição de uma dívida, por exemplo, o devedor pode pagar. Na decadência é diferente, pois esse instituto atinge o direito em si e, por isso, não admite renúncia.

A decadência atinge o próprio direito material e pode ser prevista em lei ou em convenção das partes.

Os prazos não estão alocados sistematicamente no CC como ocorre com a prescrição. No caso da decadência os prazos estão espalhados pelo código.

Por exemplo, no tocante ao tema do negócio jurídico anulável, o CC estabelece um prazo geral de 02 anos da conclusão do ato, se não houver regra diversa (art. 179).

Outro exemplo é a decadência do art. 178, de 4 anos para os negócios jurídicos celebrados mediante coação, erro, dolo, fraude contra credores, estado de perigo ou lesão, bem como os atos de incapazes.

Pode parecer estranho, mas o negócio jurídico realizado sob coação, mesmo tendo como base uma violência física, moral ou psicológica, também está sujeito à decadência.

Observação importante que se faz é a da decadência do negócio celebrado sob coação e do casamento celebrado sob coação.

Os prazos em si são os mesmos 04 anos, porém a data de início é diferente. No caso de negócio jurídico comum, o prazo decadencial terá início do dia em que cessar a coação. Já no casamento sob coação, o prazo de 04 anos tem início da própria celebração do casamento, e não quando a coação for cessada.

Em regra, aquelas causas de impedimento, suspensão e interrupção da prescrição não serão aplicadas à decadência, salvo se houver lei dispondo o contrário. E essa disposição contrária é trazida pelo próprio CC ao dizer que os arts. 195 e 198, inciso I, se aplicam à decadência.

O art. 195 trata da ação que os relativamente incapazes e as pessoas jurídicas possuem contra seus assistentes ou representantes legais caso eles deem causa à prescrição ou não alegarem no momento oportuno.

Essa responsabilidade também vale para a decadência, caso o assistente ou representante legal dê causa à decadência ou não a alegue oportunamente.

Já o art. 198, inciso I, diz que a prescrição não corre contra os absolutamente incapazes, regra esta que também se aplica à decadência.

A decadência, da mesma forma que a prescrição, também pode declarar de ofício a decadência quando ela estiver estabelecida em lei.

Ocorre, no entanto, que o juiz não tem esse mesmo poder em se tratando de decadência convencional. Nesse caso, só a parte a quem aproveita é que pode alega-la em qualquer grau de jurisdição.

+ EXERCÍCIOS DE FIXAÇÃO

01. Ano: 2023 Banca: IDECAN Órgão: SEFAZ-RR Prova: IDECAN - 2023 - SEFAZ-RR - Técnico de Tributos Estaduais

Acerca da prescrição e da decadência no direito civil, assinale a alternativa correta:

A) A exceção prescreve no dobro do prazo da pretensão.

B) Os prazos de prescrição podem ser alterados por acordo das partes.

C) É nula a renúncia à decadência fixada em lei.

D) Não pode o juiz, de ofício, conhecer da decadência e da prescrição.

E) A prescrição iniciada contra uma pessoa se interrompe contra o seu sucessor.

02. Ano: 2023 Banca: FEPESE Órgão: Prefeitura de Balneário Camboriú - SC Prova: FEPESE - 2023 - Prefeitura de Balneário Camboriú - SC - Advogado

De acordo com o Código Civil, a interrupção da prescrição dar-se-á:

1. por qualquer ato inequívoco, ainda que extrajudicial, que importe reconhecimento do direito pelo devedor.

2. por despacho do juiz, que ordenar a intimação do devedor, no prazo e na forma da lei processual.

3. por protesto cambial.

4. por qualquer ato judicial que constitua em mora o devedor. Assinale a alternativa que indica todas as afirmativas corretas.

A) São corretas apenas as afirmativas 1 e 4.

B) São corretas apenas as afirmativas 1, 2 e 3.

C) São corretas apenas as afirmativas 1, 3 e 4.

D) São corretas apenas as afirmativas 2, 3 e 4.

E) São corretas as afirmativas 1, 2, 3 e 4.

» GABARITO

01. Letra C.   **02.** Letra C.

DIREITO DAS OBRIGAÇÕES

Obrigação pode ser entendida como o nexo estabelecido entre credor e devedor, onde este se compromete perante aquele a cumprir determinada prestação.

Os elementos que compõem a obrigação podem ser explicados pela teoria dualista, desenvolvida pelo alemão Alois Brinz, sendo dois: o débito (*schuld*) e a responsabilidade (*haftung*).

O débito é entendido como a prestação propriamente dita. Se a pessoa tem que dar alguma coisa, como por exemplo, dinheiro, ou fazer alguma coisa, a exemplo de uma prestação de um serviço, essa é a prestação a ser cumprida, é o débito assumido.

A responsabilidade, por sua vez, é um dever secundário ligado ao descumprimento da obrigação. Caso, portanto, a prestação não seja cumprida, surge para o devedor a responsabilidade.

O art. 391 do CC vai nos dizer que em caso de inadimplemento da obrigação, ou seja, a responsabilidade, todos seus bens responderão pelo pagamento do débito.

Art. 391. Pelo inadimplemento das obrigações respondem todos os bens do devedor.

Mas todos os bens podem responder pelo pagamento da obrigação, como diz o artigo 391? A resposta é não, uma vez que esse artigo deve ser interpretado à luz da Constituição Federal, de modo a respeitar a dignidade da pessoa humana.

Há ainda na doutrina uma teoria que busca resguardar o patrimônio mínimo do ser humano, de modo que nem todos os bens podem, de fato, responder por uma dívida.

Essa, no entanto, poderia ser uma interpretação equivocada do art. 391, tendo em vista a utilização da palavra "todos". Além disso, vale lembrar que o próprio Código de Processo Civil estabelece algumas situações em que os bens do devedor são impenhoráveis. Por exemplo: dinheiro proveniente de salário ou valores mantidos em conta poupança.

Não só isso, a própria Constituição Federal protege o direito à moradia, à higiene, vestuário. E isso são coisas que constituem a base mínima para a sobrevivência do ser humano, de maneira que nem todos os bens estarão sujeitos ao inadimplemento da obrigação. Essa é a melhor interpretação a ser feita no art. 391.

Vale lembrar também que o bem de família é outra hipótese de impenhorabilidade, uma vez que a lei dá prioridade à moradia e evita que este único bem que a pessoa teria para morar não seja sujeito à execução de dívidas.

E quanto à pena corporal, como o direito brasileiro vê essa hipótese?

Como o próprio art. 391 diz, os bens do devedor é que responderão pela execução da dívida, não podendo haver pagamento com o próprio corpo, como era realizado nos tempos antigos. A única exceção é a relacionada à prisão civil por dívida de alimentos.

O art. 5º, inciso LXVII, da CF, traz duas hipóteses de prisão civil. Ele fala que não haverá prisão civil por dívida, e essa é a regra, salvo a pessoa que deixar de pagar obrigação alimentícia e no caso do depositário infiel. No entanto, atualmente só vale a prisão civil do devedor de alimentos, uma vez que o Brasil adotou as regras do Pacto São José da Costa Rica, de modo a entender que a prisão civil do depositário infiel seria inconstitucional.

Vale lembrar que o Pacto de São José da Costa Rica tem plena aplicação no direito brasileiro, com base na Emenda 45/2004, que incluiu o parágrafo 3º no art. 5º da CF. Ele diz que os tratados internacionais aprovados com o quórum de emenda constitucional têm força de norma constitucional. Dessa maneira, houve a discussão da constitucionalidade ou convencionalidade da prisão do depositário fiel, que era, então, prevista na redação original de nossa Carta Magna.

Julgando o tema, o Supremo Tribunal Federal decidiu a respeito, inclusive, editando a Súmula Vinculante 25, que diz: "É ilícita a prisão civil de depositário infiel, qualquer que seja a modalidade de depósito.".

Há também uma súmula do Superior Tribunal de Justiça, a de número 419, que diz: "Descabe a prisão civil do depositário judiciário infiel".

Portanto, a única hipótese de prisão civil atual é a do devedor de pensão alimentícia.

PARTES DA RELAÇÃO OBRIGACIONAL

Toda relação obrigacional terá credor e devedor. O credor terá o direito de exigir de cumprir a prestação avençada, e o devedor tem o dever com aquilo que se obrigou.

TIPOS DE OBRIGAÇÃO

As obrigações podem ser divididas em: de dar, fazer e não fazer.

A obrigação de dar se divide ainda em de dar coisa certa e incerta.

DAS OBRIGAÇÕES DE DAR

DAS OBRIGAÇÕES DE DAR COISA CERTA

A obrigação de dar coisa certa se relaciona com a ideia de coisa individualizada, coisa especificada. Eu tenho uma coisa individualizada quando eu aponto o dedo para ela e mostro que é diferente das demais coisas.

Se eu vou vender um carro, por exemplo, vou dizer que é o carro de determinada cor, com específicas rodas, modelo etc. Quando eu fiz esse relato do carro, eu individualizei a coisa, e isso é base para estudarmos a obrigação de dar coisa certa.

Outro exemplo seria eu oferecer para alguém a venda de um quadro de um pintor famoso ou uma casa. Quando eu ofereço à venda esse quadro ou aquela casa, eu estou individualizando o objeto/prestação da obrigação. Se eu fechar o negócio, se o comprador aceitar essa coisa que eu individualizei, é essa coisa individualizada que eu terei de entregar para ele.

ABRANGÊNCIA DOS ACESSÓRIOS

O art. 233 diz o seguinte:

Art. 233. A obrigação de dar coisa certa abrange os acessórios dela embora não mencionados, salvo se o contrário resultar do título ou das circunstâncias do caso.

Essa regra do art. 233 decorre do princípio da gravitação jurídica, de que o acessório segue o principal. Conforme art. 92 do CC, bem acessório é aquele cuja existência supõe a do principal.

Portanto, tratando-se de obrigação de coisa certa, eu vou presumir que os acessórios estejam incluídos.

Ex: Paulo fez um contrato de compra e venda com Leonardo para lhe entregar uma chácara. Esta chácara tem várias árvores de laranjas, mangas, limões etc. Se João não mencionar as árvores no contrato, as árvores serão abrangidas pelo contrato?

Sim, serão mesmo se elas não forem mencionadas. Isso porque a obrigação de coisa certa abrange os acessórios.

Ex2: venda de imóvel inclui melhoramentos, benfeitorias e os ônus fiscais.

É possível ainda que a obrigação de dar coisa certa não abranja os acessórios, por título contratual ou pelas circunstâncias.

Eu posso fazer um contrato e dizer que as benfeitorias não estão inclusas (é caso de título contratual), ou também as circunstâncias podem retirar os bens acessórios.

O acessório segue o principal na obrigação de dar coisa certa. Mas isso se aplica às pertenças? R: Não se aplica, porque as pertenças não constituem partes integrantes e se destinam, de modo duradouro, ao uso, ao serviço ou ao aformoseamento de outro.

É exatamente o que diz o art. 94 do CC: os negócios jurídicos que dizem respeito ao bem principal não abrangem as pertenças, salvo se o contrário resultar da lei, da manifestação de vontade, ou das circunstâncias do caso.

PERECIMENTO SEM CULPA E COM CULPA DO DEVEDOR

Art. 234. Se, no caso do artigo antecedente, a coisa se perder, sem culpa do devedor, antes da tradição, ou pendente a condição suspensiva, fica resolvida a obrigação para ambas as partes; se a perda resultar de culpa do devedor, responderá este pelo equivalente e mais perdas e danos.

SEM CULPA

Perecimento: é a perda **total** do bem.

Se se tratar de obrigação de dar coisa certa, individualizada, e a coisa se perder antes da tradição, **sem culpa do devedor**, a obrigação fica resolvida para o credor e devedor, e as partes voltam ao *status quo ante*.

Ex: antes da tradição, caiu um raio em cima do bem individualizado.

Se a coisa se perder e a condição suspensiva estiver pendente, ocorre a mesma coisa: a obrigação se resolve para ambas as partes.

Ex: Carlos prometeu doar ao seu filho seu carro de 500 mil reais, apenas se ele passasse no vestibular. No entanto, antes do vestibular, o carro é totalmente destruído, por um raio.

COM CULPA

A culpa acarreta a responsabilidade pelo pagamento de perdas e danos.

Se o bem da obrigação de dar coisa certa se perder por culpa do devedor, por um ato faltoso da parte dele, ele responde pelo equivalente + perdas e danos.

O termo "equivalente" se refere ao equivalente em dinheiro. Já as perdas e danos são os danos materiais (danos emergentes e lucros cessantes).

DETERIORAÇÃO SEM CULPA E COM CULPA DO DEVEDOR

Art. 235. Deteriorada a coisa, não sendo o devedor culpado, poderá o credor resolver a obrigação, ou aceitar a coisa, abatido de seu preço o valor que perdeu.

A deterioração é a mesma coisa que a perda parcial. Agora aqui a sistemática é diferente, porque se eu tenho perda parcial da coisa, o credor da coisa poderá exercer duas opções ao seu bel prazer.

Se não houver culpa do devedor, da pessoa que entregaria o bem, o credor pode resolver a obrigação se a coisa não lhe interessar mais. Só que ele também pode aceitar o bem danificado, naquelas condições e abater o preço proporcional à perda parcial.

Ex: uma árvore do vizinho caiu em cima da parte traseira do carro. O carro não teve perda total e ainda tem funcionamento, de modo que o comprador tem interesse. Ele pode desistir do negócio ou pegá-lo assim mesmo e pedir abatimento do preço.

Se o devedor da coisa for culpado, o credor pode exigir o equivalente, ou seja, o valor que pagou pelo bem de volta.

É o que diz o art. 236:

Art. 236. Sendo culpado o devedor, poderá o credor exigir o equivalente, ou aceitar a coisa no estado em que se acha, com direito a reclamar, em um ou em outro caso, indenização das perdas e danos.

E ainda vai restar ao credor da coisa o direito de reclamar em juízo a indenização por perdas e danos. Se ele demonstrar, por exemplo, que aquele bem era de suma importância para o seu patrimônio, ele pode pedir indenização.

Ex: doação de medula óssea. O devedor da coisa ia levar até o hospital, mas parte da doação se perdeu e era insuficiente para o doente. Como isso tornou difícil a cura do doente, é possível pedir indenização também.

PERECIMENTO SEM CULPA E COM CULPA DO DEVEDOR NA RESTITUIÇÃO DA COISA

Lembre-se que os arts. 238 e 239 tratam da perda total (do perecimento).

Art. 237. Até a tradição pertence ao devedor a coisa, com os seus melhoramentos e acrescidos, pelos quais poderá exigir aumento no preço; se o credor não anuir, poderá o devedor resolver a obrigação.

Parágrafo único. Os frutos percebidos são do devedor, cabendo ao credor os pendentes.

Art. 238. Se a obrigação for de restituir coisa certa, e esta, sem culpa do devedor, se perder antes da tradição, sofrerá o credor a perda, e a obrigação se resolverá, ressalvados os seus direitos até o dia da perda.

Se no caso da restituição a coisa se perder, sem culpa do devedor, ou seja, daquele que deve restituir a coisa, quem levará na cabeça é o credor. O credor se sairá o coitado na relação jurídica, porque o devedor ia restituir, mas sem culpa dele a coisa se perdeu.

A obrigação vai se resolver, mas os direitos que o credor tinha serão mantidos até o dia da perda da coisa. Por exemplo: se era um carro alugado e na restituição houve perda total, o locador conserva seu direito de cobrar o aluguel até o dia da perda.

Art. 239. Se a coisa se perder por culpa do devedor, responderá este pelo equivalente, mais perdas e danos.

Ainda na restituição, se o devedor se encontra na posse de uma coisa que não é sua, ele tem o dever de zelar pela sua conservação.

Se o devedor foi negligente, imprudente ou imperito com a conservação da coisa na hora da restituição, o credor terá mais direitos nesse caso: o devedor da restituição vai responder pelo equivalente da coisa + perdas e danos.

Ex: o devedor tinha que devolver o cachorro, mas deixou escapar, sem tomar o devido cuidado, e o animal acabou sendo atropelado. Ele vai pagar o valor do cachorro em dinheiro + perdas e danos (danos emergentes e lucros cessantes).

Quando à indenização, o dono do animal pode provar que o cão era de corrida e que isso lhe gerava certo rendimento e, com isso, pedir os danos materiais.

DETERIORAÇÃO SEM CULPA E COM CULPA DO DEVEDOR NA RESTITUIÇÃO

Lembre-se que deterioração é a perda parcial do bem.

Art. 240. Se a coisa restituível se deteriorar sem culpa do devedor, recebê-la-á o credor, tal qual se ache, sem direito a indenização; se por culpa do devedor, observar-se-á o disposto no art. 239.

A solução é dada pela regra *res perit domino* (a coisa perece com seu dono). Se a coisa era para ser restituída, mas por motivo de força maior ou caso fortuito, por exemplo, ela suportar perda parcial, o credor deverá receber como ela está.

Recebendo como ela está, porque não houve culpa do devedor, também não cabe direito de indenização.

Ex: devedor irá restituir o cachorro, mas é atropelado por um carro e o animal tem sua pata machucada.

Por outro lado, se na hora de restituir, o devedor age com culpa e o cachorro machuca uma de suas patas, nós vamos aplicar o art. 239 do CC. Nesse caso, o devedor vai responder pelo equivalente + perdas e danos.

Art. 241. Se, no caso do art. 238, sobrevier melhoramento ou acréscimo à coisa, sem despesa ou trabalho do devedor, lucrará o credor, desobrigado de indenização.

O art. 238 trata do dever de restituir a coisa. Por exemplo, o proprietário de uma casa emprestou sua chácara para seu primo tomar conta. Um dos cavalos teve 10 filhotes, de alto valor no mercado.

Com isso, houve acréscimo à coisa. Se esse acréscimo se deu sem ajuda do devedor, sem que o devedor tenha atuado nisso, isso será um lucro para o credor e não precisará pagar indenização.

Se o nascimento dos 10 filhotes de cavalo se deu sem despesa ou ajuda do primo do proprietário, o credor se beneficiará de um lucro natural, e não precisará indenizar o devedor.

A *contrario sensu*, se o primo teve despesa ou ajudou nos cuidados dos filhotes, como por exemplo, ter dado as vacinas indicadas, o credor deve indenizá-lo desse gasto.

Art. 242. Se para o melhoramento, ou aumento, empregou o devedor trabalho ou dispêndio, o caso se regulará pelas normas deste Código atinentes às benfeitorias realizadas pelo possuidor de boa-fé ou de má-fé.

Se esse melhoramento ou aumento da coisa se deu por trabalho ou dispêndio do devedor, eu vou aplicar as regras de benfeitorias do possuidor de boa-fé ou má-fé lá do direito das coisas.

No capítulo correspondente aos efeitos da posse, o legislador distingue as hipóteses de boa e de má-fé do devedor.

Estando o devedor de boa-fé, tem direito à indenização dos melhoramentos ou aumentos necessários e úteis. Quanto aos melhoramentos ou aumentos voluptuários, se o proprietário não pagar o valor, o devedor, por conta própria, pode levantá-los.

Lembrando que benfeitorias necessárias, úteis e voluptuárias se encontram no art. 96 do CC:

Benfeitorias necessárias: as que têm por fim conservar o bem ou evitar que se deteriore.

Benfeitorias úteis: as que aumentam ou facilitam o uso do bem.

Benfeitorias voluptuárias: as de mero deleite ou recreio, que não aumentam o uso habitual do bem, ainda que o tornem mais agradável ou sejam de elevado valor.

Se necessário, poderá o devedor exercer o direito de retenção da coisa pelo valor dos melhoramentos e aumentos necessários e úteis, como meio coercitivo de pagamento.

Parágrafo único. Quanto aos frutos percebidos, observar-se-á, do mesmo modo, o disposto neste Código, acerca do possuidor de boa-fé ou de má-fé.

Frutos são as utilidades que uma coisa periodicamente produz. Nascem e renascem da coisa, sem acarretar-lhe a destruição no todo ou em parte, como o café, os cereais, as frutas das árvores, o leite, as crias dos animais etc.

DAS OBRIGAÇÕES DE DAR COISA INCERTA

O art. 243 diz:

Art. 243. A coisa incerta será indicada, ao menos, pelo gênero e pela quantidade.

A gente viu que a coisa individualizada é aquela que eu aponto o dedo, eu especifico, tornando-a certa.

Por outro lado, se simplesmente invertermos o sentido, teremos a coisa incerta, porque é uma coisa que não tem determinação, que eu não aponto o dedo. No entanto, esse conceito de indeterminabilidade da coisa não é absoluto, porque a lei exige que ela seja pelo menos indicada no *gênero e na quantidade*.

O objeto da obrigação pode ser incerto, mas é determinável, é suscetível de se determinar. Na coisa certa eu só não aponto a qualidade da coisa, mas aponto o gênero e sua quantia. Se eu tiver uma obrigação que não tenha gênero ou quantidade, essa indeterminação será absoluta e não será reconhecida pela lei, não existindo a obrigação.

Ex: Carlos celebra contrato com Pedro e diz que este deverá entregar "sacas de café". Pedro, ao tentar cumprir a obrigação, se questiona: "eu devo entregar sacas de café... mas quantas? Duas, três?"

Como falta a quantidade, não há obrigação de dar coisa incerta. Aliás, nem há obrigação nesse caso, porque o objeto não é determinado. E aí temos que lembrar que um dos requisitos do negócio jurídico é o objeto (determinável ao menos).

Outra hipótese seria: fica estabelecido no contrato que Pedro deve entregar 10 sacas. Pedro fará a pergunta no mesmo sentido: "devo entregar 10 sacas do quê? Feijão, arroz, cereal, café?"

Também não tem como saber, porque faltou o requisito do gênero. A saca, por si só, nada mais é do que aquele invólucro onde se colocam os alimentos.

Portanto, de início, devemos ter em mente que a obrigação de dar coisa incerta exige:

× Gênero (sacas de café);

× Quantidade (10 sacas).

Mas e a qualidade? Porque dependendo do que for entregue, pode haver vários modelos no mercado, de inúmeras qualidades. Como foi dito, a obrigação de dar coisa incerta não exige a qualidade ainda.

A quem compete o direito de escolha? Ao devedor ou ao credor? Por exemplo, se Pedro vai entregar 10 sacas de café, mas ele possui mais de 500 em sua fazenda, quem escolhe essas 10 sacas?

Como diz o art. 244, a escolha da coisa determinada pelo gênero e quantidade será do DEVEDOR.

Art. 244. Nas coisas determinadas pelo gênero e pela quantidade, a escolha pertence ao devedor, se o contrário não resultar do título da obrigação; mas não poderá dar a coisa pior, nem será obrigado a prestar a melhor.

Veja bem, será do DEVEDOR, que nesse exemplo é Pedro. Então Pedro vai olhar as quinhentas sacas e escolher as dez que cabem a Antônio.

OBS: Esse ato de escolha se chama CONCENTRAÇÃO.

Mas é sempre assim? A escolha é sempre do devedor? Não, pois há uma exceção.

Estamos falando de obrigação e, por isso, contrato, de manifestação de vontade. Se Carlos e Pedro quiserem estabelecer que a escolha seja do credor ou de terceira pessoa, eles que coloquem isso em cláusula contratual.

Veja que o art. 244 fala "se o contrário não resultar do título da obrigação". Se não houver cláusula contratual, aí sim a escolha é do devedor.

Um outro ponto interessante é que o art. 244 diz: "não poderá dar a coisa pior, nem será obrigado a prestar a melhor".

Vamos nos guiar como se a escolha coubesse ao devedor. Pedro olha nas sacas e percebe o seguinte: "eu tenho as sacas velhas e menos frescas, as não tão velhas, e as novas, que estão fresquinhas."

Com certeza, se a escolha coubesse ao credor, logicamente este escolheria as mais novas, mais frescas. Mas como a escolha cabe ao devedor, você pode imaginar que ele vai escolher as mais velhas. Ledo engano. Pelo art. 244 o devedor não pode dar a coisa pior, mas também não é obrigado a dar a melhor. Ele tem de dar o "meio-termo". Por isso, Pedro poderá entregar as sacas não tão velhas.

Esse é o chamado *critério da qualidade média ou intermediária*.

E se Pedro quiser entregar as melhores sacas de café? Pedro pode entregar as melhores sacas, mas ele NÃO É OBRIGADO a entregar as melhores.

Mas e se existirem apenas as sacas de café de qualidade ruim e de qualidade ótima? Nesse caso o devedor pode entregar qualquer delas, até mesmo a pior, porque não se aplica a qualidade média.

Falamos que na obrigação de dar coisa incerta, é necessário que ao menos o gênero e a quantidade sejam indicados.

Só que vai chegar uma hora do contrato em que o devedor irá escolher o objeto a entregar, ou seja, irá tornar o objeto determinado. No nosso exemplo, Pedro vai saber qual tipo de café que o credor necessita.

Assim, quando Pedro informar Carlos do tipo do café, a obrigação se torna de DAR COISA CERTA, pois houve individualização.

Antes da escolha pelo devedor apta a tornar a coisa individualizada, não poderá este alegar perda ou deterioração da coisa, porque não havia objeto determinado ainda.

É o que diz o art. 246:

Art. 246. Antes da escolha, não poderá o devedor alegar perda ou deterioração da coisa, ainda que por força maior ou caso fortuito.

Em momento anterior, o credor não sabia que tipo de café receberia, pois isso ficou a cargo do devedor. Portanto, se cair um raio, por exemplo, no galpão do devedor e destruir parte da saca de café, isso não pode ser alegado pelo devedor para não cumprir a obrigação.

Ora, se foi parte das sacas que se perdeu, basta que ele escolha a outra parte para entregar. Havendo a individuação da coisa, aí sim poderá o devedor alegar perda ou deterioração da coisa, porque há determinabilidade.

Ex: Pedro, devedor, escolheu determinado café para entregar ao credor, mas toda a sua saca se perdeu. Como houve cientificação do credor a respeito do tipo do café, ele pode invocar a situação de perda ou deterioração da coisa.

Veja que o divisor de águas nesse caso será a escolha.

Antes da escolha: não pode alegar perda/deterioração, nem por caso fortuito ou força maior.

Depois da escolha: pode alegar perda/deterioração.

DAS OBRIGAÇÕES DE FAZER

A obrigação de fazer consiste numa prestação de fato, de agir, em prol do devedor.

A doutrina chama de prestações de coisas as obrigações de dar e prestação de fato as de fazer e não fazer.

DIFERENÇAS ENTRE OBRIGAÇÃO DE DAR E FAZER

Na obrigação de dar, a prestação é de entregar coisa, certa ou incerta. Na obrigação de fazer, a prestação é um ato ou serviço do devedor.

Mas a doutrina diz que **dar** ou **entregar** algo também consiste em **fazer** alguma coisa. Por exemplo, quando alguém compra uma casa, a obrigação de outorgar a escritura é obrigação de fazer, porque é uma prestação de fato. Porém, o interesse do adquirente é de obter a casa, ou seja, um objeto material.

Para solucionar isso, a doutrina diz: se o devedor deve entregar algo, mas que não foi feito por ele previamente, a obrigação é de dar.

Contudo, se ele constrói a coisa e depois entrega, a obrigação é de fazer.

DAR SEM FAZER = DAR

FAZER + DAR = FAZER

Ex: comprei um sofá numa loja. O dono da loja apenas comprou da fábrica. Logo, ele só deve me entregar o bem, e a obrigação é de dar.

Ex2: contratei contador para fazer um cálculo. O contador irá confeccionar os cálculos (fazer) e depois me entregar (dar). Logo, a obrigação é de fazer.

ESPÉCIES DE OBRIGAÇÃO DE FAZER

× Infungível (imaterial ou personalíssima ou *intuitu personae*): só a pessoa específica pode cumprir. Não pode ser substituído por ninguém.

Ex: show de cantor famoso.

#De onde decorre a infungibilidade?

R: Ela pode decorrer do contrato ou da natureza do negócio. Se, por exemplo, as partes simplesmente estabeleceram que a obrigação seria cumprida pelo José Almeida, só ele pode cumprir, pois está no contrato.

Agora, mesmo que não esteja estabelecido no contrato, se a pessoa contratou um pintor renomado para pintar um quadro ou um cirurgião bem conhecido, fica implícito que o credor deseja o trabalho específico desta pessoa.

× Fungível (material ou impessoal): qualquer pessoa pode cumprir. É a obrigação cuja execução não depende das qualidades pessoais do devedor, podendo ser realizada por terceiros.

Ex: pedreiro é contratado para construir um muro, mas na hora do serviço se recusa a trabalhar. O credor neste caso pode contratar um pedreiro substituto.

O art. 247 traz a obrigação de fazer infungível ou personalíssima. O devedor que se recusa a cumprir com a obrigação age com culpa.

Art. 247. Incorre na obrigação de indenizar perdas e danos o devedor que recusar a prestação a ele só imposta, ou só por ele exeqüível.

Ex: cantor que não quer cantar no show; escultor que não quer fazer a estátua.

Recusa na obrigação infungível: caberá perdas e danos, pois não se pode constranger o devedor a fazer o ato.

OBS: o CPC admite a tutela específica da obrigação, podendo ser aplicada multa diária (astreintes), sendo um meio indireto de obrigar o devedor.

Portanto, se o devedor se recusar a cumprir a prestação a ele imposta ou que só possa ser executada por ele, haverá indenização por perdas e danos.

Art. 248. Se a prestação do fato tornar-se impossível sem culpa do devedor, resolver-se-á a obrigação; se por culpa dele, responderá por perdas e danos.

O inadimplemento contratual pode se dar pela recusa, como vimos, mas também pela impossibilidade de se cumprir a obrigação.

Quando se fala em impossibilidade no cumprimento, devemos analisar se isso se deu por culpa ou sem culpa do devedor.

A solução é simples: se não houver culpa, resolve-se a obrigação; se houver culpa, ele responde por perdas e danos.

Ex: ator não consegue fazer a peça porque perdeu a voz; ator não consegue chegar no teatro porque sofreu acidente no caminho.

Veja que esse ator não teve culpa, pois o que aconteceu não estava em seu alcance. Portanto, não havendo culpa, a obrigação fica resolvida.

Ok, se o ator não foi, não houve peça. E como fica o pessoal da plateia? Eles não vão poder pleitear perdas e danos, mas vão ter o dinheiro de volta, visto que a resolução do contrato obriga a devolução da quantia paga.

Art. 249. Se o fato puder ser executado por terceiro, será livre ao credor mandá-lo executar à custa do devedor, havendo recusa ou mora deste, sem prejuízo da indenização cabível.

Vamos começar com um exemplo: o locador, ao alugar sua casa, se obriga a consertar as portas do armário. Se ele não cumprir a obrigação, o locatário pode mandar um terceiro fazer o serviço.

Quando a obrigação é fungível, o que importa é ter a prestação de fazer cumprida. Então, quando se contrata um marceneiro para consertar a mesa, o que se quer é o conserto apenas.

Parágrafo único. Em caso de urgência, pode o credor, independentemente de autorização judicial, executar ou mandar executar o fato, sendo depois ressarcido.

Existem casos em que se o devedor se recusar ou demorar a cumprir a obrigação, a opção para o credor de ir ao Judiciário pode tornar a coisa ainda mais demorada.

Ex: pessoa precisa que se erga um muro com urgência para evitar enchentes iminentes.

Assim, havendo urgência, o CC permite que o credor execute a obrigação do devedor ou contrate alguém, pedindo depois o ressarcimento do devedor.

OBS: na urgência o credor pode fazer extrajudicialmente, sem precisar do Judiciário.

DAS OBRIGAÇÕES DE NÃO FAZER

A obrigação de não fazer será extinta, desde que, sem culpa do devedor, se for impossível abster-se do ato que se obrigou a não praticar.

Caso o devedor pratique o ato, a cuja abstenção se obrigou, ao credor surge o direito de exigir dele que o desfaça, sob pena de se desfazer à sua custa, ressarcindo o culpado perdas e danos.

Em caso de urgência, poderá o credor desfazer ou mandar desfazer, independentemente de autorização judicial, sem prejuízo do ressarcimento devido.

DAS OBRIGAÇÕES ALTERNATIVAS

Para entendermos as obrigações alternativas, devemos lembrar primeiramente que as obrigações podem ser simples ou compostas.

A simples é fácil: é a obrigação que tem um credor, um devedor e uma prestação. Já as obrigações compostas são as que têm mais de um devedor, mais de um credor ou mais de uma prestação.

Quando a obrigação composta tem mais de uma prestação, ela é *composta objetiva* e pode ser chamada de *cumulativa* ou *alternativa*.

Já quando tem mais de um sujeito, ela é *composta subjetiva*.

Vamos falar melhor a respeito da obrigação composta objetiva cumulativa (ou conjuntiva). Neste tipo de obrigação, existem mais de uma prestação e o devedor deve cumprir TODAS elas. Se existem as prestações A, B e C e o devedor não as cumpre em sua totalidade, ele será inadimplente.

Se ele cumprir só a A e B e não a C, também será inadimplente, pois esse tipo de obrigação exige o cumprimento de todas as prestações.

#Onde encontramos esse tipo de obrigação no CC?

R: O CC não trata especificamente dessas obrigações, sendo vista pela doutrina e jurisprudência.

Feita essa análise, passemos a ver as obrigações alternativas ou disjuntivas.

Obrigação alternativa: é aquela que possui mais de uma prestação (fazer isso *ou* aquilo).

Ex: boa parte da doutrina fala no contrato estimatório ou venda em consignação. Por esse contrato, uma pessoa (consignante) leva um bem móvel para que o consignatário venda. É o exemplo típico dos veículos em concessionária. O dono da concessionária assume a obrigação de vender o veículo de um particular.

No contrato estimatório, o consignante possui dois deveres alternativos: ou ele vende o bem **ou** ele devolve o bem se não conseguir vender no prazo estipulado.

Por existir a partícula "ou", portanto, a doutrina entende que se trata de obrigação alternativa. Contudo, esse tema não é pacífico, pois outros doutrinadores entendem que o consignatário possui uma obrigação facultativa (o devedor tem uma prestação, mas ele pode cumprir a outra, se quiser).

Outra parte da doutrina entende o contrário, dizendo que o contrato estimatório se trata de obrigação facultativa, isto é, o consignatário tem a faculdade de escolher entre vender o veículo ou devolvê-lo ao proprietário após o prazo.

Na obrigação alternativa, como vimos, existem duas prestações. Se o devedor cumprir alguma delas, ele será exonerado e a obrigação fica consumada.

Exemplo concreto (TJSP): contrato estabeleceu que devedor entregaria certa quantia de novilhas de ração nelore para gado ou o equivalente em dinheiro, corrigido monetariamente.

Havendo duas prestações, quem escolhe qual será cumprida? O art. 252 responde:

Art. 252. Nas obrigações alternativas, a escolha cabe ao devedor, se outra coisa não se estipulou.

Em regra, a escolha cabe ao devedor, pois a lei assim determina. Mas é possível que a escolha passe a caber ao credor, desde que as partes insiram cláusula no contrato.

§ 1º Não pode o devedor obrigar o credor a receber parte em uma prestação e parte em outra.

Ex: vamos supor que o devedor se obrigue a entregar 1 saco de café Bourbon ou 1 saco de café Arábica. O credor tem direito de exigir os dois, mas a escolha do café caberá ao devedor.

Não pode o devedor, portanto, pagar 500g do Bourbon e 500g do Arábica, visto que não se admite a fragmentação da obrigação alternativa.

§ 2º Quando a obrigação for de prestações periódicas, a faculdade de opção poderá ser exercida em cada período.

A obrigação de prestação periódica também é chamada de obrigação de execução continuada ou de trato sucessivo, ou seja, quando prestações são pagas periodicamente.

Exemplo: a obrigação pode ser estabelecida ano a ano. Em um ano se cumpre uma prestação, em outro ano se cumpre outra prestação. Por exemplo, em 2018, o devedor deve entregar sacos de café, em 2019 deve entregar sacos de arroz.

Do mesmo modo como visto, não pode o devedor cumprir a obrigação com objetos fracionados, isto é, entregar um pouco do café e um pouco do arroz. Ele entrega um ou outro.

Portanto, quando se tratar de prestação periódica, a escolha pelo devedor será exercida a cada período. Ex: ficou estabelecido genericamente que o devedor deve entregar sacos de café ou arroz. Ele pode em 2018 entregar café, em 2019 entregar café novamente etc., porque a opção é feita a cada período estabelecido.

§ 3º No caso de pluralidade de optantes, não havendo acordo unânime entre eles, decidirá o juiz, findo o prazo por este assinado para a deliberação.

A escolha do cumprimento da prestação também pode ser feita por vários optantes, desde que eles entrem em acordo para estabelecer quem, de fato, irá escolher.

Se os optantes não fecharem um acordo de forma unânime, o juiz será chamado a se manifestar. O juiz primeiro concede um ultimato para deliberação dos optantes. Caso estes não cheguem a um acordo, o juiz mesmo decidirá quem irá escolher a prestação.

Ex: fica estabelecido que o Conselho Administrativo de uma LTDA ficará encarregado de escolher. Como é um órgão coletivo, há no caso pluralidade de optantes.

§ 4º Se o título deferir a opção a terceiro, e este não quiser, ou não puder exercê-la, caberá ao juiz a escolha se não houver acordo entre as partes.

Vamos supor que duas pessoas jurídicas firmem um contrato de obrigação de dar coisa certa com prestação alternativa.

Para escolher qual prestação será executada, as partes nomeiam o administrador da empresa devedora.

Se esse administrador não quiser ou não puder exercer a escolha, o juiz também será chamado a decidir em caso de acordo infrutífero.

Art. 253. Se uma das duas prestações não puder ser objeto de obrigação ou se tornada inexeqüível, subsistirá o débito quanto à outra.

Iniciemos com um exemplo: imagine que o devedor é obrigado a entregar 10 sacos de café ou de arroz ao credor. Contudo, próximo da data de entrega, os sacos de café são roubados de seu armazém, sobrando apenas os de arroz.

Nesse caso, como a obrigação do café se tornou inexeqüível, remanesce o débito da outra obrigação, qual seja, da entrega do arroz.

Art. 254. Se, por culpa do devedor, não se puder cumprir nenhuma das prestações, não competindo ao credor a escolha, ficará aquele obrigado a pagar o valor da que por último se impossibilitou, mais as perdas e danos que o caso determinar.

Se, porém, os sacos de café e arroz são roubados, em semanas diferentes, ambas as prestações desaparecem, impossibilitando o cumprimento da obrigação.

Nesse caso, o problema será resolvido a depender de quem era a escolha.

> COM CULPA DO DEVEDOR **+** ESCOLHA DO DEVEDOR **=**
> VALOR DA ÚLTIMA PRESTAÇÃO PERDIDA **+** PERDAS E DANOS.

Art. 255. Quando a escolha couber ao credor e uma das prestações tornar-se impossível por culpa do devedor, o credor terá direito de exigir a prestação subsistente ou o valor da outra, com perdas e danos; se, por culpa do devedor, ambas as prestações se tornarem inexeqüíveis, poderá o credor reclamar o valor de qualquer das duas, além da indenização por perdas e danos.

> COM CULPA DO DEVEDOR **+**
> IMPOSSIBILIDADE DE UMA DAS PRESTAÇÕES **+**
> ESCOLHA DO CREDOR **=**
> CREDOR PODE EXIGIR PRESTAÇÃO QUE SUBSISTIU OU VALOR DE QUALQUER PRESTAÇÃO **+** PERDAS E DANOS.

> COM CULPA DO DEVEDOR **+**
> IMPOSSIBILIDADE DE TODAS AS PRESTAÇÕES **+**
> ESCOLHA DO CREDOR **=**
> CREDOR PODE EXIGIR VALOR DE QUALQUER UMA **+** PERDAS E DANOS.

Art. 256. Se todas as prestações se tornarem impossíveis sem culpa do devedor, extinguir-se-á a obrigação.

CONCENTRAÇÃO

A concentração é o momento da escolha da prestação. Feita a escolha, não cabe retratação unilateral por uma das partes. Com a concentração, a obrigação alternativa (composta) se torna simples (um só objeto).

Com a concentração, as partes retroagem à formação do negócio jurídico. Para a concentração, basta a declaração unilateral de vontade, não dependendo de aceitação.

OBRIGAÇÕES FACULTATIVAS

A obrigação facultativa é uma espécie de obrigação alternativa. É uma obrigação simples, porque tem uma só prestação. Nela, o devedor tem a faculdade de cumprir a obrigação com uma prestação diversa.

O credor só pode exigir a prestação obrigatória, não podendo exigir a facultativa. Então, o devedor deve uma só coisa, mas pode pagar de maneira diferente.

Lembre-se que o CC não prevê a obrigação facultativa, sendo ela uma exceção à regra do art. 313, de que o credor não é obrigado a receber prestação diversa, ainda que mais valiosa.

DAS OBRIGAÇÕES DIVISÍVEIS E INDIVISÍVEIS

Quando eu estiver diante de uma obrigação que tenha só um credor ou só um devedor, eu vou chamá-la de simples ou única.

Então, o que é uma obrigação simples? É aquela que possui um só credor ou um só devedor.

Por outro lado, quando eu tenho mais de um credor ou mais de um devedor na obrigação, eu vou chamá-la de composta. No caso do estudo das obrigações divisíveis e indivisíveis, é exatamente esse tipo de obrigação que veremos.

E qual a essência da obrigação divisível ou indivisível em relação aos vários credores ou devedores? Significa que cada credor ou cada devedor será titular ou obrigado a uma quota de obrigação.

É o que diz o art. 257:

Art. 257. Havendo mais de um devedor ou mais de um credor em obrigação divisível, esta presume-se dividida em tantas obrigações, iguais e distintas, quantos os credores ou devedores.

A prestação da obrigação, portanto, vai ser dividida pelo número de credores ou devedores.

Existe, como diz o art. 257, uma presunção de divisão da prestação para cada sujeito.

Então, essa é uma regra muito importante: na divisibilidade do objeto, há uma presunção de rateio da prestação para cada credor ou devedor.

Contudo, tal regra sofrerá duas exceções:

× Indivisibilidade do objeto;
× Solidariedade.

Nessas duas exceções, estamos ainda diante de uma obrigação complexa, com vários credores ou devedores na relação. Porém, o credor pode exigir a dívida por inteiro de um só devedor e, de outro lado, um só devedor pode estar obrigado à dívida inteira.

#E qual o conceito de obrigação divisível e indivisível?

R: O Código Civil não trouxe didaticamente o conceito de cada uma, pois não é papel da lei fazer isso. Ele, no entanto, disse o que é obrigação indivisível no art. 258, o que, a *contrario sensu*, nos permite conceituar a obrigação divisível.

Vamos ver o conceito de obrigação indivisível (art. 258):

Art. 258. A obrigação é indivisível quando a prestação tem por objeto uma coisa ou um fato não suscetíveis de divisão, por sua natureza, por motivo de ordem econômica, ou dada a razão determinante do negócio jurídico.

Toda prestação corresponde a uma obrigação. Quando essa prestação for uma coisa ou um fato que não pode ser dividido, estaremos diante da obrigação indivisível.

Essa indivisibilidade, conforme o art. 258, pode decorrer de 3 formas:

× pela natureza da obrigação;
× por motivo de ordem econômica;
× pela razão determinante do negócio.

Ao contrário, obrigação divisível é prestação que tem por objeto coisa ou fato suscetível de divisão.

Vamos entender a essência do instituto por um exemplo: "A" e "B" são devedores de R$ 200.000,00 ao credor "C". Sendo o objeto divisível (dinheiro), o devedor "A" é obrigado a R$ 100.000,00, e o devedor "B" aos outros R$ 100.000,00.

Da mesma forma, se dois credores foram titulares do crédito de R$ 200.000,00, cada um tem direito a R$ 100.000,00.

#E quais hipóteses reais podem ensejar a obrigação divisível?

R: os casos mais comuns são por herança. Uma pessoa era devedora de uma prestação e falece, deixando 10 herdeiros. Os 10 herdeiros irão suceder na dívida, sendo cada um deles devedor na sua quota.

#E quais os efeitos da obrigação divisível?

R: Existem vários efeitos, dentre os quais podemos destacar:

a. mesmo sendo uma dívida grande, cada credor só pode exigir a sua quota e cada devedor pagar a sua parte;
b. se um devedor se torna insolvente, os outros devedores não tomarão a dívida para si;
c. se a prescrição for interrompida para um credor, os outros não se beneficiam; e se for interrompida para um devedor, os outros não se prejudicam.

Vamos, por fim, a um último exemplo de obrigação divisível e indivisível:

× Obrigação divisível: dois devedores devem pagar 4 sacas de café. Cada devedor é obrigado a 2 sacas;

× Obrigação indivisível: dois devedores devem pagar um cavalo. Como não dá para dividir o cavalo no meio, seu objeto é indivisível.

ESPÉCIES DE INDIVISIBILIDADE

Quando falamos na indivisibilidade, devemos lembrar que seu conceito está atrelado à ideia de bens indivisíveis.

Portanto, se o bem não pode ser fracionado pela sua natureza (ex: animal), estamos na primeira espécie: indivisibilidade natural.

Contudo, a própria lei permite que um bem divisível se torne indivisível pela vontade da lei ou pela vontade das partes. Nesse caso, estaremos diante da indivisibilidade legal ou indivisibilidade subjetiva ou intelectual.

A classificação fica assim:

× Indivisibilidade natural;

× Indivisibilidade legal;

× Indivisibilidade subjetiva ou intelectual.

Art. 259. Se, havendo dois ou mais devedores, a prestação não for divisível, cada um será obrigado pela dívida toda.

Parágrafo único. O devedor, que paga a dívida, sub-roga-se no direito do credor em relação aos outros coobrigados.

Como visto, se o objeto da obrigação for divisível, ou seja, puder ser fracionado, cada credor ou devedor será titular ou obrigado a cada quota da obrigação.

Ex: se um devedor deve pagar duas sacas de café a dois credores, cada credor tem direito a uma saca de café.

Por outro lado, o CC traz os efeitos da obrigação quando ela for indivisível e possuir vários credores ou vários devedores. O art. 259 começa dizendo que se houver vários devedores e objeto indivisível, cada um será obrigado pela dívida inteira.

Ex: 3 herdeiros devem entregar um carro para o credor. Logo, como o carro é indivisível, cada um fica obrigado pela dívida inteira, por pagar o veículo sozinho.

Mas aquele devedor que pagou a dívida sozinho terá o direito de sub-rogar nos direitos do credor para cobrar a quota-parte dos outros devedores que não pagaram nada.

Vamos supor o seguinte: um banco entra com uma ação contra uma empresa por conta de uma cédula de crédito não adimplida no valor de R$ 30.000,00. Esta cédula foi assinada por dois sócios, na condição de avalista. Portanto, estamos diante de uma obrigação composta, pois há vários devedores.

Contudo, os devedores não possuem mais dinheiro em conta bancária para penhora, mas um dos devedores é um fazendeiro em crise, dono de alguns touros reprodutores. Para pagar a dívida, esse fazendeiro pede a seu advogado para nomear um touro à penhora. Aceito o touro pelo banco, surge a obrigação de dar coisa indivisível.

Ao ocorrer o adimplemento com a entrega do touro, o fazendeiro devedor irá se sub-rogar no direito do credor e cobrar a quota-parte dos outros dois devedores.

Ex2: um sujeito era microempresário e possuía uma dívida trabalhista. Ao falecer, o único patrimônio deixado foi um veículo no valor de R$ 10 mil. A dívida, portanto, foi transmitida aos herdeiros, de modo que surge a necessidade de pagar o veículo ao empregado que ingressou com a ação.

Art. 260. Se a pluralidade for dos credores, poderá cada um destes exigir a dívida inteira; mas o devedor ou devedores se desobrigarão, pagando:

I. a todos conjuntamente;

II. a um, dando este caução de ratificação dos outros credores.

Vamos supor agora que estamos diante de uma obrigação indivisível com vários credores. Três herdeiros se tornaram credores da entrega de um touro reprodutor por parte de um devedor.

Como o devedor vai se livrar dessa obrigação? O art. 260 vai nos responder:

Como é obrigação indivisível, cada credor pode exigir a dívida por inteiro, pois não é possível ratear o animal. E quando o devedor quiser pagar o touro, ele tem duas opções:

I. Pagar a dívida em conjunto aos credores.

Para tanto, ele deve convocar os credores para um local e ali cumprir sua obrigação de entregar o animal, tendo quitação de todos.

2. Pagar a dívida para só um credor, exigindo dele uma caução de retificação ou garantia de que irá repassar aos outros credores a informação do adimplemento.

A caução de ratificação, para parte da doutrina, deve ser feita por escrito e com firma reconhecida, podendo ser registrado em cartório para maior segurança.

#E se um só credor recebe o pagamento, como ficam os demais credores? O art. 261 nos responde:

Art. 261. Se um só dos credores receber a prestação por inteiro, a cada um dos outros assistirá o direito de exigir dele em dinheiro a parte que lhe caiba no total.

Continuemos no exemplo do touro reprodutor: "A", "B" e "C" são credores de um touro reprodutor de "D", no valor de R$ 30.000,00.

Se só o credor "A" recebe o touro, os credores "B" e "C" podem pedir sua quota de R$ 10.000,00 cada do credor "A", que recebeu.

Portanto, aos outros credores surgirá o direito de exigir a sua quota-parte.

REMISSÃO DA DÍVIDA

#O que é a remissão?

R: A remissão é forma indireta de pagamento e é a mesma coisa que o perdão. Pela remissão, o credor perdoa a dívida, deixando esta de existir.

A regra da remissão no caso de obrigação divisíveis ou indivisíveis não é tão simples.

Art. 262. Se um dos credores remitir a dívida, a obrigação não ficará extinta para com os outros; mas estes só a poderão exigir, descontada a quota do credor remitente.

Para entender o artigo, voltamos ao touro: "A", "B" e "C" são credores de um touro reprodutor de "D", no valor de R$ 30.000,00.

"A" vira muito amigo de "D" e, por conta da grande amizade, decide perdoá-lo da dívida. Neste caso, "D" consegue se livrar de 10 mil da dívida.

Mas "B" e "C" ainda poderão exigir o touro reprodutor, pois só "A" perdoou a dívida. Assim, quando "D" entregar o touro a esses dois credores, ele poderá exigir os 10 mil da parte do "A".

Suponha que "B" e "C" pegaram o touro e venderam num leilão de gados, obtendo a quantia de 30 mil. Não podem eles, portanto, embolsar essa quantia, pois devem entregar os 10 mil a "D".

Parágrafo único. O mesmo critério se observará no caso de transação, novação, compensação ou confusão.

Essa ideia de a remissão produzir efeitos só para o credor que remitiu também será aplicada para a transação, novação, compensação ou confusão.

Imagine que aquele credor "A" tenha uma dívida de 10 mil com "D", da mesma forma que este tenha uma dívida de 10 mil com "A". Havendo compensação, a dívida se extingue, restando o direito dos outros credores de cobrar a sua quota-parte.

OBRIGAÇÃO INDIVISÍVEL E PERDAS E DANOS

Ao falar do art. 263 abaixo, estaremos também tratando de uma grande diferença entre a obrigação indivisível e a obrigação solidária.

Art. 263. Perde a qualidade de indivisível a obrigação que se resolver em perdas e danos.

No caso do touro reprodutor, sendo o animal um objeto indivisível e consequentemente criando-se uma obrigação também indivisível, caso o touro se perca por morte ou desaparecimento, a obrigação pode se transformar em perdas e danos, ou seja, surge a possibilidade de se cobrar o equivalente + danos materiais e lucros cessantes.

É claro que para haver perdas e danos, primeiro devemos lembrar das obrigações de dar coisa certa. Nessas obrigações, só haverá obrigação de indenizar na hipótese de culpa do devedor. Não havendo culpa, a obrigação se resolve.

Havendo culpa do devedor, surge o dever de indenizar o valor do touro. E sendo valor que se converte em dinheiro, a obrigação deixa de ser indivisível.

Essa é uma grande característica que se diferencia da obrigação solidária. Se a obrigação solidária de pagar um touro se converter em perdas e danos, ela não perderá o caráter da solidariedade, permitindo que o credor cobre a dívida em dinheiro por inteiro de cada devedor.

Então, temos o seguinte esquema: touro vale 30 mil.

×   Obrigação indivisível se converte em PD, com 3 devedores: cada devedor só é obrigado a 10 mil;

×   Obrigação indivisível e solidária que se converte em PD, com 3 devedores: os 3 são obrigados pela dívida toda.

§ 1º Se, para efeito do disposto neste artigo, houver culpa de todos os devedores, responderão todos por partes iguais.

§ 2º Se for de um só a culpa, ficarão exonerados os outros, respondendo só esse pelas perdas e danos.

Como vimos, só haverá obrigação de indenizar em perdas e danos se houver culpa por parte do devedor. Vamos começar a analisar o § 2º e depois o § 1º:

§ 2º: se daqueles três devedores do touro, só um deles agir com culpa, haverá exoneração da dívida para os outros dois devedores.

Ex: vamos supor que o devedor 1 se comprometeu a cuidar do animal em seu pasto, mas por negligência esqueceu a porteira aberta, vindo o animal a adentrar na estrada e ser atropelado.

Como o touro morreu, a obrigação se transforma em dinheiro, podendo o credor exigir o equivalente + PD.

E quem irá pagar o equivalente + PD? R: Só o devedor culpado pela morte do animal.

Aqui, contudo, surge uma discussão doutrinária: a exoneração dos demais devedores abrange o valor do animal ou só as perdas e danos?

O Enunciado 540 da Jornada CJF vai dizer: "Havendo perecimento do objeto da prestação indivisível por culpa de apenas um dos devedores, todos respondem, de maneira divisível, pelo equivalente e só o culpado, pelas perdas e danos."

§ 1º: se todos os devedores forem culpados pela perda do touro, todos serão obrigados a pagar as perdas e danos, proporcionalmente ao número de devedores. No caso do touro de 30 mil + PD de 15 mil, cada devedor pagará 15 mil.

DAS OBRIGAÇÕES SOLIDÁRIAS

Quando falamos em obrigações solidárias, estamos diante de uma obrigação composta subjetiva. Ela pode ser subjetiva ativa (*vários credores*), subjetiva passiva (*vários devedores*) ou subjetiva mista (*vários credores ou devedores*).

E quando irá existir a solidariedade? O art. 264 diz:

Art. 264. Há solidariedade, quando na mesma obrigação concorre mais de um credor, ou mais de um devedor, cada um com direito, ou obrigado, à dívida toda.

Havendo vários credores, cada um deles pode exigir a dívida por inteiro do(s) devedor(es), isoladamente. Exemplo disso ocorre quando um só credor ingressa em juízo para pleitear a dívida.

Podemos vislumbrar tal hipótese quando três pessoas jurídicas, por exemplo, sejam credoras de uma dívida. Mas para amenizar gastos com advogado, uma só pessoa jurídica decide ingressar em juízo, se comprometendo a repassar o valor às outras pessoas jurídicas.

De outro lado, na solidariedade passiva, vários devedores são obrigados pela dívida inteira. Então, se por exemplo, três devedores assinaram contrato de confissão de dívida no valor de R$ 120 mil, mas só um deles possui elevado patrimônio, o credor pode cobrar a dívida de 120 mil só desse devedor, sem incluir os demais no polo passivo.

Art. 265. A solidariedade não se presume; resulta da lei ou da vontade das partes.

Essa regra já era prevista no CC/16 e diz que a solidariedade de um contrato não pode se presumir. Para haver solidariedade, ou a lei assim dispõe (*solidariedade legal*) ou as próprias partes criam cláusula (*solidariedade convencional ou voluntária*).

OBS: essa solidariedade é a atrelada à responsabilidade contratual, e não a responsabilidade aquiliana ou extracontratual. Para esta, a solidariedade é legal, pois prevista no art. 942, parágrafo único: por exemplo, o empregador é responsável solidariamente pelos atos de seu empregado.

E enquanto no CC a solidariedade é exceção, no CDC ela é regra, pois diz o art. 7º, p. único, do CDC, que se a ofensa a direito do consumidor possuir mais de um autor, a responsabilidade pelos danos será solidária.

Art. 266. A obrigação solidária pode ser pura e simples para um dos co-credores ou co-devedores, e condicional, ou a prazo, ou pagável em lugar diferente, para o outro.

Para entendermos o art. 266, devemos lembrar dos elementos acidentais do negócio jurídico: condição, termo e encargo.

E para fins de solidariedade, esqueceremos o elemento "encargo", lembrando somente da condição e do termo.

Por esse artigo, podemos ter três tipos de solidariedade: a pura ou simples; a condicional; e a termo.

a. obrigação solidária pura e simples: não contém condição, termo ou encargo;

b. obrigação solidária condicional: se subordina a evento futuro e **incerto**;

c. obrigação solidária a termo: se subordina a evento futuro e **certo**.

#Lembra que não falamos do encargo, correto? Pois bem, a doutrina indaga sobre a possibilidade de encargo numa obrigação solidária. Entendem alguns doutrinadores ser perfeitamente possível, pois não há vedação legal, além de o art. 266 trazer rol exemplificativo.

Como exemplo dessa tese foi aprovado o Enunciado 347 da Jornada: "A solidariedade admite outras disposições de conteúdo particular além do rol previsto no art. 266 do Código Civil".

Por fim, o art. 266 diz que a obrigação solidária pode ser pagável em lugar para um credor e outro lugar para outro credor, isto é, locais diferentes a depender do credor. Essa é a ideia do princípio da variabilidade da obrigação solidária.

DA SOLIDARIEDADE ATIVA

Art. 267. Cada um dos credores solidários tem direito a exigir do devedor o cumprimento da prestação por inteiro.

Quando falamos em solidariedade ativa, significa que qualquer cocredor pode exigir do devedor a dívida no seu todo, como se só ele fosse credor isoladamente.

Então, por exemplo, se marido, mulher e filho forem credores de um devedor, o filho pode exigir a dívida por inteiro sozinho, pois pela solidariedade cada credor é titular da dívida toda. Se ele receber o pagamento, deverá repassar a quota à sua mãe e pai.

Um exemplo de solidariedade ativa legal é a do art. 2º da Lei de Locações:

"Art. 2º Havendo mais de um locador ou mais de um locatário, entende-se que são solidários se o contrário não se estipulou."

Art. 268. Enquanto alguns dos credores solidários não demandarem o devedor comum, a qualquer daqueles poderá este pagar.

A ideia é a seguinte: supondo que mãe, pai e filho são credores solidários, o devedor pode se dirigir a qualquer um deles para pagar a dívida.

Isso será possível se nenhum credor ainda não ingressou com ação judicial contra o devedor. Mas se, por exemplo, o filho entra com ação judicial por falta de pagamento, o devedor deve se dirigir só ao filho agora.

O adimplemento só será permitido em relação ao credor que promoveu a ação judicial.

PAGAMENTO FRACIONADO

Art. 269. O pagamento feito a um dos credores solidários extingue a dívida até o montante do que foi pago.

Vamos pensar no seguinte: temos uma obrigação cuja prestação é um objeto naturalmente divisível, que pode ser fracionado sem perder o seu valor econômico.

O credor pode receber a totalidade da dívida, mas também pode receber em valor parcelado, por exemplo, se assim entrar em acordo com o devedor. No entanto, suponhamos que ele faça isso sem o consentimento dos demais credores.

A dívida era de 10 mil e ele recebe 8 mil. Assim, para evitar o enriquecimento sem causa, e considerando que parte da dívida foi paga, os 8 mil pagos fazem considerar a dívida extinta até esse montante.

Isso significa que o devedor ainda deverá pagar os outros 2 mil, subsistindo a solidariedade. O credor solitário que recebeu sozinho os 8 mil também terá legitimidade para cobrar os 2 mil restantes.

Portanto, lembre-se: se o pagamento foi feito a um só credor, este pagamento vai extinguir a dívida até o limite do valor pago.

INTRANSMISSIBILIDADE DA SOLIDARIEDADE PELA MORTE

O art. 270 nos diz:

Art. 270. Se um dos credores solidários falecer deixando herdeiros, cada um destes só terá direito a exigir e receber a quota do crédito que corresponder ao seu quinhão hereditário, salvo se a obrigação for indivisível.

Primeiramente, devemos saber que quando uma pessoa falece, seus bens e dívidas são passadas aos herdeiros. O mesmo, contudo, não ocorre com a solidariedade: esta não é transmitida com o falecimento.

Então, se uma pessoa morre, é como se a solidariedade deixasse de existir para os herdeiros, agora credores.

Pense no exemplo: Paulo e Leonardo são credores solidários de 20 mil. Leonardo falece e deixa duas filhas: Victoria e Aline. Como a solidariedade não se transmite na morte, elas possuem direito a um quinhão da dívida.

Se elas decidirem ingressar com ação para cobrar o crédito, poderão cobrar os 20 mil ou só os 10 mil?

R: Só os 10 mil, porque é o quinhão que a elas cabe, não havendo solidariedade. Portanto, elas cobram os 10 mil, tendo direito a 5 mil cada uma.

Portanto, pela leitura do artigo, o herdeiro só tem direito de exigir e receber a quota correspondente ao quinhão.

OBS: Exceção à regra: INDIVISIBILIDADE. Se Paulo e Leonardo eram credores de um touro reprodutor, por exemplo, e Leonardo falece, suas herdeiras Victoria e Aline poderão receber o touro sozinhas, uma vez que não é possível fracionar o animal (indivisibilidade natural).

CONVERSÃO DA OBRIGAÇÃO SOLIDÁRIA EM PERDAS E DANOS

Art. 271. Convertendo-se a prestação em perdas e danos, subsiste, para todos os efeitos, a solidariedade.

Se caso a obrigação solidária se converter em perdas e danos, por culpa de alguma das partes no caso de perecimento do objeto, a solidariedade permanecerá.

Ex: João e Kaio são credores solidários de uma obra de arte. O devedor, por culpa, perde o quadro e a obrigação se converte em perdas e danos. O quadro foi avaliado em 1 mil reais. Por esse artigo, esses 1 mil reais poderão ser cobrados solidariamente do devedor, isto é, tanto João como Kaio poderão exigir o débito por inteiro.

Nesse ponto, a obrigação solidária se difere da obrigação indivisível, conforme tabela:

OBRIGAÇÃO SOLIDÁRIA	OBRIGAÇÃO INDIVISÍVEL
Convertida em perdas e danos = mantém solidariedade	Convertida em perdas e danos = extingue a indivisibilidade (se torna divisível)

REMISSÃO DA DÍVIDA POR UM DOS CREDORES

Art. 272. O credor que tiver remitido a dívida ou recebido o pagamento responderá aos outros pela parte que lhes caiba.

A remissão, como visto, é um meio indireto de pagamento e consiste no perdão da dívida. Como na obrigação solidária ativa a ideia não é cada credor possuir uma quota de crédito, se um só credor perdoar a dívida, ele perdoará no seu todo.

Em razão disso, o devedor que teve a dívida remitida pode ficar em paz, pois sabe que não deverá pagar mais nada. É diferente do caso de pagamento parcial, em que subsiste o crédito do valor remanescente.

Então, suponha que Pontes, Rui e Clóvis são credores de 10 mil. Em tese, cada um teria direito a 1/3 (R$ 3.333,33). Mas Rui conversa com o devedor e perdoa a dívida – no caso a totalidade dos 10 mil.

Pontes e Clóvis não poderão exigir na justiça, por exemplo, o valor que a eles cabia, pois a dívida foi perdoada! Contudo, poderão cobrar do próprio Rui as suas quotas respectivas.

Portanto, quando um credor recebe o pagamento ou perdoa a dívida, ele se torna devedor dos cocredores.

OPONIBILIDADE DE EXCEÇÕES PESSOAIS

Art. 273. A um dos credores solidários não pode o devedor opor as exceções pessoais oponíveis aos outros.

O que são exceções pessoais? São defesas de mérito que podem ser direcionadas apenas a pessoas específicas da relação.

Ex: vícios de vontade, como dolo, erro, coação, estado de perigo e lesão, bem como as incapacidades.

Assim, se estamos diante de uma obrigação com vários credores solidários e existe uma exceção pessoal contra um dos credores, essa exceção não produzirá efeitos para os outros credores.

Ex: eram 5 credores, mas um deles coagiu o devedor a assinar o contrato. Sendo o devedor demandado, ele invoca a coação para dizer que a obrigação deve ser anulada e a dívida extinta.

Está certo seu raciocínio? Não, pois como é exceção pessoal, o máximo que pode acontecer é anular a dívida no tocante ao credor coator, subsistindo a dívida para os outros credores.

Ex2: Berenice e Helena são credores de 100 reais de Silvio. Mas Silvio também é credor de 100 reais de Berenice (compensação).

Como as duas são credoras solidárias, qualquer delas pode exigir o pagamento, certo? Sim, certo. Então, suponha que só Helena ingresse com ação judicial. Em sua defesa, Silvio invoca a compensação com a dívida de Berenice.

O juiz irá aceitar a tese? Claro que não, pois a compensação é uma exceção só oponível a Berenice, não tendo Helena nada a ver com isso. Portanto, Silvio deverá pagar a dívida.

Art. 274. O julgamento contrário a um dos credores solidários não atinge os demais, mas o julgamento favorável aproveita-lhes, sem prejuízo de exceção pessoal que o devedor tenha direito de invocar em relação a qualquer deles.

Em linhas gerais, podemos dividir esse artigo no seguinte esquema:

× Julgamento contrário a um credor solidário: não atinge os outros cocredores;

× Julgamento favorável a um credor solidário: aproveita os outros cocredores, se não for por exceção pessoal.

Vamos pensar no seguinte exemplo: a Berenice e a Helena eram credoras de 100 reais de Silvio, e Silvio era credor de Berenice no mesmo valor (compensação). Agora, suponha que Berenice ingresse em juízo cobrando os 100 e Silvio invoque a compensação como exceção pessoal.

O juiz diz que houve compensação e extingue o processo. Helena, que nada tinha a ver com a compensação, pode cobrar os 100?

R: Claro que pode, visto que o julgamento contrário a Berenice não vai atingir Helena, pois o julgamento contrário a um dos credores não atinge os demais.

Ex2: Rui bate no carro de Clóvis (40 anos) e Manuel (15 anos), pai e filho. Quatro anos depois, Manuel aciona Rui e este se defende alegando prescrição, que era de 3 anos.

Só que Manuel à época tinha só 15 anos e, portanto, a prescrição não se consumou totalmente para ele.

Essa tese vai prevalecer para ambos os credores? R: Não, porque é fundada em exceção pessoal. Logo, para Clóvis a dívida ficou prescrita, mas para Manuel não.

DA SOLIDARIEDADE PASSIVA

A obrigação solidária passiva é aquela na qual existem dois ou mais devedores, obrigado à dívida toda.

Pela solidariedade passiva, o credor pode cobrar a dívida de qualquer um dos devedores, e não de todos em conjunto obrigatoriamente. Isso faz com que um devedor seja cobrado como se os devedores em conjunto fossem uma só pessoa.

Então, na prática, se há três devedores solidários e um deles é mais rico, o credor pode tranquilamente acioná-lo isoladamente, pois a este compete escolher quem demandar.

É que diz, portanto, o art. 275:

Art. 275. O credor tem direito a exigir e receber de um ou de alguns dos devedores, parcial ou totalmente, a dívida comum; se o pagamento tiver sido parcial, todos os demais devedores continuam obrigados solidariamente pelo resto.

Veja: o credor pode receber de um ou alguns devedores, a dívida comum a todos eles. Caso o devedor pague o valor parcialmente, ele próprio e os demais continuarão devendo o restante.

Por exemplo, a dívida era de 100 mil e eram três devedores. Um deles pagou 33 mil, pensando que sua quota-parte se restringia a esse valor. Contudo, equivocou-se, pois os outros 66 mil restantes poderão ser cobrados dos outros devedores, mas também dele próprio.

Essa foi a ideia trazida pelo Enunciado 348 da Jornada: "O pagamento parcial não implica, por si só, renúncia à solidariedade, a qual deve derivar dos termos expressos da quitação ou, inequivocadamente, das circunstâncias do recebimento da prestação pelo credor".

Assim, pela ideia do enunciado, caso o devedor pague parcialmente a dívida, a solidariedade subsiste, tanto para ele como para os outros devedores.

Parágrafo único. Não importará renúncia da solidariedade a propositura de ação pelo credor contra um ou alguns dos devedores.

Ex: caso o credor "A" decida demandar apenas "B" e "C", deixando "D" de fora, isso não significa que "A" renunciou à solidariedade de "D".

#Mas os devedores devem aceitar calados essa opção pelo credor?

R: Não são obrigados a aceitar, uma vez que em termos processuais os devedores acionados podem fazer uso do chamamento ao processo, espécie de intervenção de terceiros.

Pelo chamamento, os devedores solidários podem chamá-los a integrar o polo passivo (art. 130, III, do CPC).

INTRANSMISSIBILIDADE DA SOLIDARIEDADE PELA MORTE

Art. 276. Se um dos devedores solidários falecer deixando herdeiros, nenhum destes será obrigado a pagar senão a quota que corresponder ao seu quinhão hereditário, salvo se a obrigação for indivisível; mas todos reunidos serão considerados como um devedor solidário em relação aos demais devedores.

Como visto na solidariedade ativa, a solidariedade não é transmitida aos herdeiros quando uma pessoa morre.

Se o devedor solidário morre e deixa, por ex., 3 herdeiros, a solidariedade se cessará e a dívida se tornará divisível, se o objeto assim permitir.

Por ex.: Rui, Augusto e Pontes devem pagar 10 mil a Manuel. Rui morre e deixa os filhos Silvio e Caio, e uma herança de 10 mil.

Manuel, se quiser cobrar os herdeiros Silvio e Caio, ficará limitado a cobrar 5 mil de cada um, porque foi essa a quota hereditária de cada um. Se existisse solidariedade, Manuel poderia cobrar 10 mil só do Silvio ou só do Caio.

Já a parte final do artigo pode ser exemplificada assim: Rui morre e Pontes paga os 10 mil a Manuel, extinguindo-se a relação obrigacional. Entretanto, Pontes quer o dinheiro das quotas dos outros devedores.

Nesse caso, Pontes pode Silvio e Caio como se fossem um devedor solidário. Veja que o artigo diz que os herdeiros, reunidos, serão considerados como devedor solidário perante os outros devedores.

PAGAMENTO PARCIAL

Art. 277. O pagamento parcial feito por um dos devedores e a remissão por ele obtida não aproveitam aos outros devedores, senão até à concorrência da quantia paga ou relevada.

Esse artigo é praticamente uma questão de lógica que tenta evitar o enriquecimento sem causa. Lembremos que pelo art. 313 do CC o credor não é obrigado a receber prestação diversa. Contudo, pela autonomia privada, ele pode agir de tal forma.

Suponha-se então que Rui, Augusto e Pontes devem pagar 10 mil a Manuel. Pontes se encontra num bar com Manuel numa bela sexta-feira à noite e lhe oferece pagar 8 mil, sendo por este aceito.

Esse pagamento parcial não vai atingir os outros devedores a ponto de extinguir a dívida. Vai atingi-los, sim, até o valor da quantia paga.

Portanto, se já foram pagos 8 mil, os devedores (R, A e P) ainda ficam obrigados a pagar os 2 mil, solidariamente.

Da mesma forma ocorre com a remissão. Suponha que Manuel perdoou Pontes no valor de 8 mil. O débito subsiste no valor de 2 mil.

Feito isso, vamos comparar a remissão na solidariedade ativa e na passiva:

- ✗ 3 credores solidários e 1 devedor: se o credor 1 perdoa a dívida do devedor, os credores 2 e 3 não podem cobrá-lo novamente.
- ✗ 1 credor e 3 devedores: se o credor 1 perdoa a dívida do devedor 1, os devedores 2 e 3 continuam obrigados a pagar o remanescente.

Lógico que se o credor 1 perdoar a dívida toda, ela deixa de existir e todos os devedores ficam exonerados da obrigação.

Art. 278. Qualquer cláusula, condição ou obrigação adicional, estipulada entre um dos devedores solidários e o credor, não poderá agravar a posição dos outros sem consentimento destes.

Aquilo que for estabelecido entre o credor e algum devedor solidário isoladamente não pode ser imputado aos outros devedores.

Ex: Banco realizou empréstimo com uma PJ, figurando como fiador solidário Rui e Pontes. O banco, certa vez, convocou o administrador da PJ e os fiadores para dizer que aumentaria a taxa dos juros a partir daquele mês. Entretanto, Pontes estava em viagem e não conseguiu acompanhá-los.

Nesse caso, a cláusula adicional foi estipulada entre o credor e dois devedores solidários. Não havendo o consentimento do devedor Pontes, este não pode ser prejudicado pelo aumento da taxa, a não ser que ele dê seu consentimento.

IMPOSSIBILIDADE DA PRESTAÇÃO

Art. 279. Impossibilitando-se a prestação por culpa de um dos devedores solidários, subsiste para todos o encargo de pagar o equivalente; mas pelas perdas e danos só responde o culpado.

Comecemos lembrando que a obrigação de cumprir a prestação, em princípio, se restringe à própria coisa ou fato, o que chamemos de equivalente.

Quando se fala em equivalente, se fala no valor do próprio bem ou serviço pago. Por ex., se o devedor deve entregar um cavalo ao credor no valor de 20 mil, o equivalente são os 20 mil.

Só que esse termo equivalente ganha destaque quando o devedor age com culpa e a prestação se torna impossível, pelo desaparecimento da coisa, por exemplo. Nesse caso, vamos falar não só em equivalente, mas também em perdas e danos (danos emergentes e lucros cessantes).

Vamos supor que Berenice e Helena são devedoras solidárias de uma égua de 20 mil, que deve ser entregue a César. As duas tomam o encargo de cuidar do animal até o dia da entrega. Contudo, em certo dia, Berenice esquece de alimentar a égua e esta vem a morrer.

A princípio, as duas devedoras sabiam qual era o valor equivalente a ser pago: uma égua, que vale 20 mil.

Vindo a égua a morrer, é possível cumprir a obrigação? Claro que não, porque a égua morreu. Mas o credor havia pago o valor da égua na compra.

Como a égua não existe mais, as devedoras devem devolver o seu valor, isto é, o seu equivalente (20 mil).

Todavia, as perdas e danos da culpa pela morte da égua imputável a Berenice só dela pode exigida, não podendo de Helena, que não agiu culposamente.

Portanto, temos o seguinte esquema: PRESTAÇÃO SE TORNA IMPOSSÍVEL POR CULPA

× Devedora 1: equivalente;
× Devedora 2 **culpada**: equivalente + PERDAS E DANOS.

Art. 280. Todos os devedores respondem pelos juros da mora, ainda que a ação tenha sido proposta somente contra um; mas o culpado responde aos outros pela obrigação acrescida.

Perante o credor, por ser a dívida solidária, todos os devedores devem pagar os juros decorrentes da mora (atraso no pagamento).

Se um devedor estava responsável pelo pagamento, mas não o fez, o outro devedor estará sujeito também a pagar os juros ao credor. Pouco interessa ao credor quem deu causa à mora, pois sendo a dívida solidária ele pode exigir a prestação e os juros de qualquer um.

Por ex.: Carlos, Osvaldo e Silvio são devedores solidários de 1000 reais. Fica combinado que Osvaldo irá levar o dinheiro ao credor, mas esquece. O credor se encontra com Caio e cobra a dívida, com multa e juros de R$ 120,00.

Carlos paga a dívida, podendo posteriormente pedir a quota de Osvaldo e Silvio, já que pagou a integralidade. Entretanto, para Osvaldo (culpado pela mora), Carlos pode exigir ainda os R$ 120,00 da multa e juros.

Então, mesmo que fosse uma ação judicial só contra Carlos, perante o credor é como se eles fossem um só devedor. Mas entre eles (relação interna), o que deu causa à mora fica obrigado a ressarcir o que pagou.

Art. 281. O devedor demandado pode opor ao credor as exceções que lhe forem pessoais e as comuns a todos; não lhe aproveitando as exceções pessoais a outro co-devedor.

Vamos pegar o exemplo acima:

Carlos, Osvaldo e Silvio foram demandados pelo credor para pagar os R$ 1.000,00 + multa e juros a Rui. Ao contestar a ação, o art. 281 lhes permite duas coisas:

× Opor exceções pessoais; e
× Opor exceções comuns a todos os devedores.

Exceção pessoal, como visto, é uma matéria específica da pessoa. Como exemplo, temos os vícios da vontade e as incapacidades.

E como exceções comuns temos a prescrição e a decadência como exemplos.

Ocorre que Reinaldo, um terceiro, passou a ser credor de Carlos, de modo que Carlos alegou a compensação de dívidas (exceção pessoal). Ou então, Carlos percebe que a dívida está prescrita (exceção comum).

Obviamente, a alegação de compensação é pessoal e só vale para Carlos. Já a prescrição é comum e vale para todos os devedores, salvo exceção pessoal como causas suspensivas ou interruptivas da prescrição.

Por fim, se a exceção é pessoal, o outro co-credor não pode se valer da tese para benefício próprio.

Art. 282. O credor pode renunciar à solidariedade em favor de um, de alguns ou de todos os devedores.

Quando um credor tem em mãos uma obrigação solidária, isso acaba sendo um privilégio a ele, pois poderá perseguir seu crédito contra qualquer devedor.

Por isso, sendo um privilégio, pode ele abrir mão também, podendo renunciar à solidariedade. Pela autonomia privada, o CC permite que o credor renuncie à solidariedade para um, alguns ou todos os devedores, por sua livre escolha.

Por exemplo: Beatriz, Helena e Carlos devem R$ 1.200,00 a Reinaldo, portanto, cada um com quota de R$ 400,00.

Reinaldo renuncia à solidariedade para Beatriz. Se Reinaldo quiser acionar Beatriz para exigir a dívida, quanto ele poderá cobrar?

R: De Beatriz só pode cobrar os R$ 400,00, ou seja, a sua quota na dívida, por ter renunciado à solidariedade. A dívida integral só pode ser cobrada de Helena e Carlos, que não foram beneficiados com a renúncia.

É exatamente o que diz o parágrafo único:

Parágrafo único. Se o credor exonerar da solidariedade um ou mais devedores, subsistirá a dos demais.

#Se o credor for cobrar a dívida dos outros devedores, deverá abater a parte daquele beneficiado pela renúncia?

R: A resposta é polêmica, tendo em vista o que dizia o CC/16, em seu art. 912, p. único. O CC/16 dizia que quando se fosse acionar os codevedores solidários, o credor deveria abater a quantia da renúncia.

Para tanto, foi editado o Enunciado 349 do CJF: "Com a renúncia da solidariedade quanto a apenas um dos devedores solidários, o credor só poderá cobrar do beneficiado a sua quota na dívida; permanecendo a solidariedade quanto aos demais devedores, abatida do débito a parte correspondente aos beneficiados pela renúncia".

Usando o exemplo acima: Beatriz, Helena e Carlos devem R$ 1.200,00 a Reinaldo, mas este renuncia à solidariedade para Beatriz.

Reinaldo, ao cobrar Helena e Carlos, deve incluir no débito apenas R$ 800,00, tirada a quota de Beatriz.

#Se houver renúncia da solidariedade, cabe chamamento ao processo?

R: O Enunciado 351 do CJF aponta que não: "A renúncia à solidariedade em favor de determinado devedor afasta a hipótese de seu chamamento ao processo".

VÍNCULO INTERNO E DEVEDOR SOLIDÁRIO INSOLVENTE

O art. 283 diz:

Art. 283. O devedor que satisfez a dívida por inteiro tem direito a exigir de cada um dos co-devedores a sua quota, dividindo-se igualmente por todos a do insolvente, se o houver, presumindo-se iguais, no débito, as partes de todos os co-devedores.

Vamos compreendê-lo com um exemplo: Osvaldo, Silvio, Carlos e Mário são devedores solidários de R$ 1.000,00 a Reinaldo.

Osvaldo decide pagar a dívida toda e depois pedir em regresso a quota dos demais, que no caso seria R$ 250,00 de cada um.

No entanto, Silvio passa a ser considerado insolvente, por não possuir patrimônio suficiente para honrar suas dívidas.

Assim, a quota de Silvio (insolvente), no valor de R$ 250,00, é dividida igualmente por todos os herdeiros, inclusive Osvaldo, que pagou a dívida. Receberá Osvaldo o valor de R$ 83,33 de Carlos e R$ 83,33 de Mário.

E sempre que o devedor solidário paga a dívida toda, ele se sub-roga legalmente nos direitos de credor, podendo exigir a quota dos demais. Além disso, o CC aduz que as quotas da dívida serão presumidas em valor igual.

No caso do exemplo, sendo a dívida R$ 1.000,00, a quota é presumida no valor de R$ 250,00, por simples cálculo aritmético.

Art. 284. No caso de rateio entre os co-devedores, contribuirão também os exonerados da solidariedade pelo credor, pela parte que na obrigação incumbia ao insolvente.

Voltando no caso do insolvente, esse artigo diz que se os devedores fizerem rateio para pagar a parte do insolvente, aquele que foi exonerado da solidariedade (renúncia) também participa.

O Silvio ficou insolvente e sua quota era de R$ 250,00. Mas o credor renunciou à solidariedade para Carlos.

Mesmo sendo ele beneficiado, a quota de 1/3 do Silvio também será cobrada de Carlos.

Art. 285. Se a dívida solidária interessar exclusivamente a um dos devedores, responderá este por toda ela para com aquele que pagar.

Esse artigo é uma exceção ao art. 283 em casos de a dívida interessar para um só devedor. É o exemplo da fiança locatícia.

Quando o fiador assina o contrato de fiança na locação, qual o interesse dele na dívida? Praticamente nenhum. Aliás, o que ele menos quer é que o locatário fique inadimplente e dele sejam cobrados os aluguéis.

Portanto, não seria justo o fiador pagar a dívida de, por ex., R$ 5.000,00 em favor do locatário e pedir o reembolso de R$ 2.500,00 (quota do locatário).

Como a dívida é exclusiva do locatário e o fiador mero acessório, este, ao pedir reembolso do que foi pago, exigirá a totalidade, isto é, os R$ 5.000,00.

Assim, como a dívida solidária do locatário interessa exclusivamente a ele, a sua responsabilidade é pela totalidade da dívida, e não por quotas divididas entre os devedores.

DA TRANSMISSÃO DAS OBRIGAÇÕES

A relação obrigacional pode ser transferida a outras pessoas, a exemplo do que ocorre com os institutos da cessão de crédito e da assunção de dívida, ambos previstos no CC/02.

Fala-se, por exemplo, em cessão de crédito, de débito e de contrato, havendo, nesta última, cessões recíprocas de crédito e débito.

DA CESSÃO DE CRÉDITO

A cessão de crédito é um negócio jurídico em que uma pessoa cede um crédito (cedente) a uma outra pessoa, ou um outro credor (cessionário).

Essa transferência pode ser gratuita ou onerosa.

Ex: Carlos é fotógrafo e possui um crédito de R$ 2.000,00 de Maria Eduarda, por um trabalho prestado. Maria, mesmo sendo cobrada por ele, não paga a dívida. Carlos, então, cede seu crédito a uma empresa de cobrança, que irá ser responsável pela cobrança e protesto do débito.

Ele cede seu crédito pelo valor de R$ 1.600,00, ficando a empresa responsável por cobrar os R$ 2.000,00 mais os juros e multa pelo atraso.

No exemplo houve uma cessão onerosa, pois o crédito foi cedido ao cessionário em troca de dinheiro.

Partes da cessão:

× Cedente: que cede o crédito;
× Cessionário: que recebe o crédito;
× Cedido: devedor

O art. 286 vai nos dizer quais créditos podem ser cedidos:

Art. 286. O credor pode ceder o seu crédito, se a isso não se opuser a natureza da obrigação, a lei, ou a convenção com o devedor; a cláusula proibitiva da cessão não poderá ser oposta ao cessionário de boa-fé, se não constar do instrumento da obrigação.

Em regra, qualquer crédito pode ser cedido, exceto quando a natureza da obrigação, a lei ou a vontade das partes traga a proibição.

Por exemplo, pela natureza da obrigação: crédito de alimentos são personalíssimos e indisponíveis, não podendo serem cedidos.

Outro exemplo, por proibição da lei: a mãe possui dois filhos e tem um crédito de R$ 100 mil. Se ela quiser ceder o crédito a um só filho, precisa da anuência do outro e de seu cônjuge (art. 496 do CC).

E pela vontade das partes: no próprio contrato se prevê cláusula de intransmissibilidade. Em relação à intransmissibilidade, sua cláusula deve estar clara e expressa no contrato para valer a cessionários de boa-fé.

Caso a cláusula não seja prevista, não se fala em intransmissibilidade, e o cessionário de boa-fé que receber o crédito pode fazer uso dele.

Art. 287. Salvo disposição em contrário, na cessão de um crédito abrangem-se todos os seus acessórios.

Pelo princípio da gravitação jurídica, o crédito que for cedido vai abranger os seus acessórios, pois este segue o principal. Mas é claro que as partes podem convencionar para retirar os acessórios do crédito principal.

Art. 288. É ineficaz, em relação a terceiros, a transmissão de um crédito, se não celebrar-se mediante instrumento público, ou instrumento particular revestido das solenidades do § 1º do art. 654.

#Pode a cessão de crédito ser verbal?

R: A regra é que sim, pois não há forma ou solenidade prevista na lei. No entanto, uma cessão verbal é bem mais difícil de se provar, o que impede de o negócio produzir efeitos perante terceiros.

Por essa razão e por questão de segurança jurídica, é preciso que a cessão de crédito seja feita ou por instrumento público em cartório ou por instrumento particular.

No caso de instrumento particular, a lei exige mais requisitos, os quais vêm previstos no art. 654, § 1º (contrato de mandato). São eles:

× Lugar da cessão;
× Qualificação do cedente e cessionário;
× Data e objetivo da cessão.

Não respeitados tais requisitos, a cessão por instrumento particular será ineficaz perante terceiros.

Art. 289. O cessionário de crédito hipotecário tem o direito de fazer averbar a cessão no registro do imóvel.

Para entendermos bem esse artigo, vamos ver brevemente o instituto da hipoteca.

A hipoteca é uma espécie de direito real de garantia que incide, no geral, sobre bens imóveis, não havendo transmissão da posse.

Significa que quando o devedor dá sua casa, por ex., em hipoteca, ele permanecerá no imóvel.

Sujeitos da hipoteca:

× Devedor hipotecante: o que dá a coisa em garantia (pode ser o devedor ou terceiro);
× Credor hipotecário: titular do crédito e da coisa garantida.

O que o art. 289 diz é que esse cessionário (instituto público) tem o direito de fazer averbar a cessão na matrícula do imóvel, a fim de produzir efeitos *erga omnes*. Posteriormente, o cessionário poderá ingressar com execução e penhorar o bem.

Art. 290. A cessão do crédito não tem eficácia em relação ao devedor, senão quando a este notificada; mas por notificado se tem o devedor que, em escrito público ou particular, se declarou ciente da cessão feita.

Por trás da cessão de crédito existirá uma relação obrigacional entre credor e devedor. O credor, então, deseja ceder seu crédito a uma terceira pessoa.

Só que mesmo ele cedendo seu crédito, o mesmo devedor estará obrigado a pagar a dívida, agora para o novo credor, o cessionário.

Por isso, o art. 290 diz que é preciso notificar o devedor da cessão para que esta tenha eficácia.

Veja que a validade da cessão não depende da concordância do devedor, mas a eficácia depende da sua notificação, apenas como forma de cientificar que o crédito foi cedido.

A notificação pode ser feita de 3 formas: judicial, extrajudicial ou presumida. A presumida é a que vem na parte final do art. 290 e é aquela em que, por documento escrito, o devedor declara ciência da cessão.

Art. 291. Ocorrendo várias cessões do mesmo crédito, prevalece a que se completar com a tradição do título do crédito cedido.

Vimos as partes da cessão, e agora veremos o objeto da cessão: um título de crédito. Qualquer título que materialize um crédito pode ser cedido a terceiro.

No entanto, a cessão só se torna perfeita quando o cedente entrega ao cessionário o título, para que este possa cobrar os valores do devedor.

Ocorre que, por algum motivo, o credor pode estar desesperado atrás de dinheiro e não obtém êxito no recebimento de seu crédito, razão pela qual decide oferecer a cessão para várias pessoas. Vamos supor que ele ofereça para 3 empresas de cobrança.

Feitas as 3 cessões e considerando que o título é um só, a cessão que ao final prevalecerá é aquela que se completou com a tradição do título, isto é, com a entrega do título pelo cedente ao cessionário.

Suponha que o credor ofereça o crédito para as 3 empresas, mas a negociação preliminar seja exclusivamente por telefone. Quando o cedente entregar o título a uma delas, aí sim a cessão fica perfectibilizada.

Ex2: Flávio cede seu crédito a Beraldo; Beraldo cede o crédito a Marcio; e Marcio cede a Juliano. Como houve várias cessões, prevalece a que se completa com a tradição do título.

Art. 292. Fica desobrigado o devedor que, antes de ter conhecimento da cessão, paga ao credor primitivo, ou que, no caso de mais de uma cessão notificada, paga ao cessionário que lhe apresenta, com o título de cessão, o da obrigação cedida; **quando o crédito constar de escritura pública, prevalecerá a prioridade da notificação.**

Lembra que o art. 290 diz que o cedente deve notificar o devedor para a cessão ter eficácia? Sim, lembro.

Ocorre que, entre o envio da notificação e o efetivo conhecimento pelo devedor, este pode realizar o adimplemento do crédito como quiser.

Se assim é e se o devedor ainda não sabe da cessão, pois não recebeu a notificação, se ele pagar o credor primitivo (cedente), o pagamento será válido?

R: Claro que será válido! Ele está agindo de boa-fé, e até então não sabe que o credor novo agora é um terceiro.

Por outro lado, havendo mais de uma cessão do crédito, todas com notificação ao devedor para que este pague, o pagamento válido poderá ser feito para o cessionário que mostrar o título de crédito ao devedor.

E por fim, quando a cessão for feita em escritura pública, valerá a primeira notificação que o devedor receber.

Em suma, temos o seguinte esquema:

× Cessão antes da notificação: paga-se ao credor primitivo;
× Mais de uma cessão: cessionário que mostrar título;
× Cessão por escritura: primeira notificação.

Art. 293. Independentemente do conhecimento da cessão pelo devedor, pode o cessionário exercer os atos conservatórios do direito cedido.

O cessionário, ao receber seu título de crédito, pode, desde já, exercer atos para conservar o crédito, sem depender do recebimento da notificação pelo devedor.

Como dito, a notificação não é requisito de validade da cessão, mas sim de eficácia. Portanto, sendo a cessão válida, o cessionário pode, por exemplo, entrar com ação de cobrança ou execução contra o devedor; pode também ceder o crédito a uma nova pessoa etc.

Art. 294. O devedor pode opor ao cessionário as exceções que lhe competirem, bem como as que, no momento em que veio a ter conhecimento da cessão, tinha contra o cedente.

Exceções pessoais ao cessionário: caso o devedor tome conhecimento de quem é o cessionário (novo credor) e contra ele tenha exceções pessoais a alegar, a exemplo da compensação ou vícios do NJ, isso só poderá ser feito após o recebimento da notificação.

Por quê? Porque até a ciência da notificação, o credor ainda era o cedente, não tendo o futuro cessionário relação com a obrigação.

Exceções pessoais ao cedente: o devedor deve alegar as exceções dentro do tempo, pois se não fizer e ocorrer a notificação, o cedente deixa de ser parte na relação e a exceção não mais produzirá efeitos.

Por fim, cabe ao devedor alegar exceções comuns e ligadas ao próprio título, a exemplo da prescrição ou do pagamento total da dívida.

Art. 295. Na cessão por título oneroso, o cedente, ainda que não se responsabilize, fica responsável ao cessionário pela existência do crédito ao tempo em que lhe cedeu; a mesma responsabilidade lhe cabe nas cessões por título gratuito, se tiver procedido de má-fé.

Como se sabe, a cessão pode ser gratuita ou onerosa. Sendo onerosa, significa que o cedente recebeu uma quantia do cessionário para alienar o título.

Ex: João é credor de R$ 10.000,00, mas precisa de dinheiro. Ele então cede o título a uma empresa de cobrança pelo valor de R$ 6.000,00, à vista.

Sendo a cessão onerosa, o cedente fica responsável pela existência do crédito, isto é, pelos 10 mil que receberia do devedor. É como uma garantia ao cessionário de que este irá receber o crédito. É mostrar que o devedor tem dinheiro para pagar.

OBS: essa responsabilidade se dá independentemente de cláusula, pois é *ope legis*.

Portanto, a responsabilidade do cedente é pela existência da dívida, e não pelo seu pagamento caso o cessionário não receba o crédito.

Por fim, se a cessão foi gratuita e o cedente agiu de má-fé, essa responsabilidade de garantir a existência do crédito também persistirá.

Art. 296. Salvo estipulação em contrário, o cedente não responde pela solvência do devedor.

Para reforçar o artigo anterior, o art. 296 diz que o cedente não fica responsável pela solvência do devedor, isto é, pelo pagamento, mas tão-somente pela existência do débito.

À essa regra se dá o nome de cessão de crédito *pro soluto*. Exemplo é o contrato de *factoring*, em que o faturizado (empresa-cedente) não garante o pagamento pelo devedor, sendo o negócio feito com base em risco.

Por outro lado, temos a cessão *pro solvendo*, que ao contrário da *pro soluto*, admite a responsabilidade do cedente pela solvência da dívida. É o que trata o art. 297:

Art. 297. O cedente, responsável ao cessionário pela solvência do devedor, não responde por mais do que daquele recebeu, com os respectivos juros; mas tem de ressarcir-lhe as despesas da cessão e as que o cessionário houver feito com a cobrança.

Na cessão *pro solvendo*, o cedente irá ceder seu crédito por determinado valor ao cessionário, mas a sua responsabilidade fica atrelada ao valor que recebeu, e não ao valor total do crédito.

Ex: João é credor de R$ 10.000,00, e então cede o título por R$ 6.000,00, à vista. O cedente não responderá por valor maior que recebeu.

Além disso, entra no cálculo os juros e as despesas que a empresa teve ao cobrar o crédito (ex: telefonemas, envios de telegramas e cartas etc).

Art. 298. O crédito, uma vez penhorado, não pode mais ser transferido pelo credor que tiver conhecimento da penhora; mas o devedor que o pagar, não tendo notificação dela, fica exonerado, subsistindo somente contra o credor os direitos de terceiro.

Se a pessoa é titular de um crédito, ao ser ele penhorado na justiça por alguma dívida, a cessão ficará proibida a partir da ciência da penhora.

Só que se o devedor não sabe da penhora e paga a dívida ao credor do crédito penhorado, o CC prestigia a boa-fé e diz que ele será exonerado da obrigação.

Ex: empresa terceirizada de segurança tem contrato com um banco e recebe todo mês o valor da fatura, para pagamento de seus empregados. A empresa terceirizada, portanto, detém um crédito.

Mas supomos que um trabalhador ingresse na justiça do trabalho e consiga a penhora desse crédito de fatura. Assim, a empresa não poderá mais cedê-lo a terceiro, ficando vedada a cessão para garantir o pagamento do empregado.

Todavia, se o banco realizar o pagamento do mês a empresa, não sabendo da penhora, não haverá aquela ideia de quem paga mal paga duas vezes, na medida em que o devedor será exonerado da obrigação por ter pago a dívida.

Por outro lado, caso o devedor saiba da penhora e faça o pagamento ao titular do crédito, esse pagamento não valerá.

DA ASSUNÇÃO DE DÍVIDA

A assunção de dívida ou cessão de débito é um negócio jurídico em que o devedor transfere a sua posição de sujeito passivo a um terceiro.

A assunção pode ser feita expressa ou tacitamente, e depende da anuência do credor, sem a qual não será válida.

A assunção de dívida é nova no CC/02, pois o CC/16 não a previa.

Vejamos o que diz o art. 299:

Art. 299. É facultado a terceiro assumir a obrigação do devedor, com o consentimento expresso do credor, ficando exonerado o devedor primitivo, salvo se aquele, ao tempo da assunção, era insolvente e o credor o ignorava.

Na assunção de dívida, podemos ter três personagens:

× Credor;

× Devedor primitivo; e

× Novo devedor.

A assunção da dívida se revela como uma faculdade do terceiro estranho assumir a obrigação do devedor primitivo, desde que haja consentimento expresso do credor.

Havendo consentimento, o devedor primitivo sai da obrigação, sendo **exonerado do pagamento**. Essa é a regra geral.

Contudo, não haverá exoneração do devedor primitivo se o terceiro assuntor, ao assumir a dívida, era insolvente (sem patrimônio para saldar débitos), e se tal fato o credor ignorava.

Ou seja, prevalece aqui a boa-fé do credor em aceitar que o terceiro assuntor ingresse no polo passivo da obrigação. Se o terceiro é insolvente e o credor não sabia, significa que este dificilmente receberá seu crédito.

Por essa razão, e para ter mais garantia, o CC/02 elenca o devedor primitivo como corresponsável pela dívida, não se exonerando.

Mas é claro que a liberdade de contratar permite que o credor, mesmo sabendo da insolvência, aceite a assunção por sua conta e risco.

A doutrina aponta duas classificações da assunção de dívida:

a. Assunção por expromissão (assumir dívida), em que o terceiro assume o débito, mas sem iniciativa do devedor.

Ela se divide em: liberatória: devedor primitivo fica exonerado; cumulativa: terceiro entra na dívida junto com o devedor primitivo.

b. Assunção por delegação: o devedor primitivo toma a iniciativa de passar o débito ao terceiro assuntor, tendo a anuência do credor.

Sobre a assunção cumulativa há o Enunciado 16 do CJF: "o art. 299 do Código Civil não exclui a possibilidade da assunção cumulativa da dívida quando dois ou mais devedores se tornam responsáveis pelo débito com a concordância do credor".

Parágrafo único. Qualquer das partes pode assinar prazo ao credor para que consinta na assunção da dívida, interpretando-se o seu silêncio como recusa.

Sendo a concordância do credor um requisito para a assunção de débito, o devedor primitivo ou o terceiro assuntor ou ambos podem dar um prazo ao credor para que ele diga se concorda ou não com a assunção.

Se o credor ficar em silêncio, isso valerá como recusa.

Art. 300. Salvo assentimento expresso do devedor primitivo, consideram-se extintas, a partir da assunção da dívida, as garantias especiais por ele originariamente dadas ao credor.

Vamos supor que Reinaldo é credor de Pedro no valor de 100 mil. Como garantia, Pedro deu em hipoteca um sítio do interior de SP.

Carlos é um terceiro que possui interesse na dívida de Pedro, se colocando na posição de assuntor e pedindo a concordância de Reinaldo. Reinaldo aceita a assunção, mas pela regra geral, a hipoteca do imóvel de Pedro não continua valendo quando Carlos assumir a dívida.

Ou seja, isso acaba sendo uma exceção de que a garantia é um bem acessório que segue a sorte do principal, tendo em vista que só o débito se transmitirá, mas não a garantia.

Porém, pela liberdade contratual, o devedor pode permitir que a hipoteca seja mantida, não se exonerando ele totalmente da obrigação.

Art. 301. Se a substituição do devedor vier a ser anulada, restaura-se o débito, com todas as suas garantias, salvo as garantias prestadas por terceiros, exceto se este conhecia o vício que inquinava a obrigação.

Se a assunção da dívida (substituição do devedor) for anulada, o débito do devedor primitivo é restaurado, pois as partes voltam ao *status quo ante*.

As garantias prestadas pelo devedor primitivo também se restauram, a exemplo de uma hipoteca gravada.

Já as garantias dos terceiros estranhos não se restauram, salvo se o terceiro tinha ciência do vício que maculou a assunção.

Art. 302. O novo devedor não pode opor ao credor as exceções pessoais que competiam ao devedor primitivo.

Pelo próprio sentido da palavra, a exceção pessoal é intransmissível por ser 'pessoal'. Se o devedor primitivo firmou negócio jurídico eivado de erro, por exemplo, com o credor, ao transferir o crédito o novo devedor não pode alegar o vício do erro, por ser exceção pessoal.

Portanto, competia tão-somente ao devedor primitivo alegar a exceção que lhe era pessoal, não cabendo ao novo devedor.

Art. 303. O adquirente de imóvel hipotecado pode tomar a seu cargo o pagamento do crédito garantido; se o credor, notificado, não impugnar em trinta dias a transferência do débito, entender-se-á dado o assentimento.

Vamos supor um banco fez um financiamento de imóvel a Mirela. Como garantia, o próprio bem foi gravado com hipoteca.

Ocorre que Mirela passou por dificuldades financeiras e resolveu vender o imóvel a seu primo Julio (lembre-se que bem hipotecado pode ser vendido). Julio, então, compra o imóvel por um preço mais baixo e assume as parcelas do financiamento.

Só que para tanto, o banco deve concordar com a assunção, já que é um requisito, lembra? Contudo, esse artigo é exceção à regra geral de que o silêncio vale como recusa. No caso de imóvel hipotecado, o credor será notificado e terá 30 dias para impugnar a assunção.

Se ficar em silêncio, entende-se que consentiu com a transferência do débito, passando Julio a assumir a dívida no polo passivo.

DO ADIMPLEMENTO E EXTINÇÃO DAS OBRIGAÇÕES

DO PAGAMENTO

Quando uma dívida é feita, qual a ideia que temos para que ela se extinga? Pelo pagamento direto, ou, tecnicamente, pelo adimplemento.

Feito o pagamento, o devedor fica liberado totalmente do vínculo obrigacional que firmou com o credor.A obrigação é feita para ser cumprida, e ao passo que é cumprida, se é extinta pelo pagamento.

ELEMENTOS SUBJETIVOS OU PESSOAIS DO PAGAMENTO

Dentro da teoria do pagamento, temos dois sujeitos: o *solvens* (que paga) e o *accipiens* (quem deve receber).

Em suma, o *solvens* é o devedor e o *accipiens* é o credor? R: Não! É tecnicamente incorreto falar apenas em devedor e credor para atribuir tal qualidade ao *solvens* e ao *accipiens*.

Isso porque se um terceiro paga a dívida, ele também é *solvens*, mas não é o devedor da relação. E se um terceiro recebe a dívida, será ele o *accipiens*, e não necessariamente o credor.

DE QUEM DEVE PAGAR

O art. 304 inaugura os estudos sobre o *solvens* (o que paga a dívida). Diz o art. 304:

Art. 304. Qualquer interessado na extinção da dívida pode pagá-la, usando, se o credor se opuser, dos meios conducentes à exoneração do devedor.

Como dito, o *solvens* ou solvente nem sempre será o devedor, podendo ser um terceiro estranho à relação. É claro que na prática, na maior parte das vezes, o devedor é o *solvens*, mas isso não é regra absoluta.

Por essa razão, o art. 304 permite que qualquer interessado possa pagar a dívida, podendo se valer dos meios conducentes de exoneração, a exemplo da consignação em pagamento, em caso de oposição do credor.

É claro que o CC prevê essa regra, pois o credor pode ter motivos para querer receber o pagamento diretamente do devedor, e não de um terceiro.

TERCEIRO INTERESSADO E NÃO INTERESSADO

Parágrafo único. Igual direito cabe ao terceiro não interessado, se o fizer em nome e à conta do devedor, salvo oposição deste.

O terceiro interessado é a pessoa que tem interesse econômico na extinção da obrigação. É o exemplo do fiador e do avalista, que pagam a dívida para se livrar de ser acionado judicialmente.

Se o terceiro interessado paga a dívida, ele vai se sub-rogar automaticamente (sub-rogação legal ou automática – art. 346, III) nos direitos de credor, pegando para si as ações, exceções e garantias do credor primitivo.

OBS: o terceiro interessado tem interesse econômico e não afetivo.

Ex: Pedro é devedor de 1 mil e Reinaldo é fiador, tendo sido estabelecido direito real de garantia em bem de Pedro. No vencimento, Pedro não paga a dívida e Reinaldo resolve solvê-la. Assim feito, Reinaldo se sub-roga nos direitos de credor e passa a ter direito de cobrar Pedro, podendo, inclusive, pedir penhora do bem garantido.

Em se tratando de interesse afetivo, a exemplo do pai que paga a dívida do filho, não falaremos de *terceiro interessado*, mas sim de *terceiro não interessado*.

Lembre-se que o art. 304, *caput*, vem dizer que qualquer interessado pode pagar a dívida, e nem sempre precisa ser o devedor.

O parágrafo único, por sua vez, reforça a mesma ideia, dando esse direito ao terceiro não interessado na dívida.

Só que se o terceiro não interessado paga a dívida em nome e em conta do devedor, sem oposição deste, não poderá se sub-rogar nos direitos de credor, pois o pagamento servirá como liberalidade (doação).

Ex: Pai de Carlos apresenta-se a Silvio (credor) e paga em nome do filho. A dívida foi paga como se o próprio devedor Carlos a tivesse pago.

Por outro lado, é possível que o terceiro não interessado pague a dívida no seu nome, como diz o art. 305:

Art. 305. O terceiro não interessado, que paga a dívida em seu próprio nome, tem direito a reembolsar-se do que pagar; mas não se sub-roga nos direitos do credor.

Ex: Osvaldo sabe que Mário deve dinheiro a Carlos. Osvaldo vai até Carlos e oferece o pagamento, em seu nome, o qual é aceito.

Aceito o pagamento, dois efeitos acontecerão:

× Osvaldo (solvente) pode pedir reembolso; e

× Osvaldo não se sub-roga nos direitos de credor.

OBS: quando o terceiro não interessado oferece pagar a dívida em seu próprio nome, não será possível se usar os meios indiretos de pagamento (consignação) caso o credor se recuse.

Isso significa, portanto, que é plenamente válida a recusa do credor caso o terceiro não interessado queira pagar a dívida.

Porque, por exemplo, suponha que Mário tenha uma certa inimizade com Osvaldo e sabe que aquele deve dinheiro. Por conta dessa inimizade, não é possível que Osvaldo pague a dívida em nome de Mário, podendo apenas pagar em seu próprio nome.

Carlos (credor) sabe dessa rixa entre Mário e Osvaldo e recusa o pagamento do terceiro, não havendo alternativa de pagamento. Assim, havendo recusa, o devedor continua devendo.

Parágrafo único. Se pagar antes de vencida a dívida, só terá direito ao reembolso no vencimento.

Se Carlos aceita que Osvaldo pague a dívida de Mário, mas esse pagamento é feito antes do vencimento, o reembolso que Osvaldo pretende pedir só pode ser feito no vencimento normal da dívida, e não antes.

PAGAMENTO FEITO POR TERCEIRO, COM OPOSIÇÃO DO CREDOR

Art. 306. O pagamento feito por terceiro, com desconhecimento ou oposição do devedor, não obriga a reembolsar aquele que pagou, se o devedor tinha meios para ilidir a ação.

Se o pagamento é feito por terceiro não interessado, sem que o devedor saiba ou, sabendo, se oponha a esse pagamento, o devedor não é obrigado a reembolsar o terceiro, caso tenha meios para solver a obrigação.

Ex: Orlando é inimigo de Manuel e quer pagar sua dívida. Mesmo tendo Manuel se oposto ao pagamento por Orlando, este insistiu e pagou. Se Manuel podia pagar sua obrigação, de modo que Orlando pagou por puro sentimento moral, Manuel não é obrigado a pagar o reembolso.

Ou então, a dívida de Manuel já estava prescrita, e Orlando, sem saber, a pagou mesmo assim. Manuel tinha meios para ilidir a cobrança, razão pela qual ficará exonerado de qualquer reembolso.

Caso do TJSP:

"Monitória – Embargos rejeitados – Compromisso de compra e venda firmado entre as partes onde o embargante (vendedor) assumiu dívidas existentes sobre o bem até a data da alienação. Descoberta pelos embargados (compradores) de dívida junto à empresa responsável pelo abastecimento de água e saneamento da localidade, referente a obras para implantação da rede, executadas no ano de 1979. Pagamento precipitado pelos embargados, sem comunicar o embargante, efetivo devedor, para que pudesse se opor à cobrança de dívida prescrita, ficando dessa forma privados do reembolso. Inteligência do art. 306 do atual Código Civil. Embargante que reunia meios de se opor à cobrança, em virtude da evidente prescrição da dívida. Sentença reformada. Recurso provido para julgar procedentes os embargos e decretar a improcedência da ação monitoria, invertidos os ônus da sucumbência" (TJSP, Apelação com revisão 443.430.4/8, Acórdão 4129838, Campinas, 8.ª Câmara de Direito Privado, Rel. Des. Salles Rossi, j. 14.10.2009, DJESP 28.10.2009).

No caso da ementa acima, João e Maria compraram por compromisso de compra e venda um imóvel de Antônio. Em cláusula do contrato, ficou estabelecido que João e Maria pagariam todos os encargos do imóvel, como taxas, impostos etc.

Feito o negócio João e Maria souberam de uma dívida que o imóvel possuía junto à companhia de água na cidade, do final da década de 1970. Fez prontamente o pagamento sem comunicação ao devedor Antônio e entrou em regresso contra este para pedir o reembolso, por ação monitória.

Na monitória, Antônio alegou que a dívida com a companhia encontrava-se prescrita e que, como o pagamento foi sem seu conhecimento, não caberia reembolso. De fato, o TJSP entendeu que se aplicava o art. 306, não podendo João e Maria pedirem o ressarcimento, pois Antonio poderia elidir o pagamento pela prescrição, motivo pelo qual foram os embargos monitórios julgados procedentes.

Art. 307. Só terá eficácia o pagamento que importar transmissão da propriedade, quando feito por quem possa alienar o objeto em que ele consistiu.

Quando falamos em obrigação, sempre vem a ideia de que o devedor deve pagar dinheiro ao credor. Mas não é bem assim que acontece.

Vamos supor que Júlio comprou um terreno de Antônio por 20 mil e pagou à vista. Quem é o devedor da casa? Antônio, pois ele é quem está obrigado a entregar a casa, conforme o contrato.

Assim, o pagamento deste negócio consiste em transmitir a propriedade para Júlio. Quando estamos diante desse tipo de negócio, a entrega do imóvel com a transmissão da propriedade produz efeitos quando feita por quem tem capacidade para aliená-la.

No exemplo, seria preciso saber se Antônio é o real proprietário do bem para transmitir a propriedade a Júlio.

Esse artigo, portanto, proíbe a venda a *non domino*, ou seja, por quem não tem o domínio.

Parágrafo único. Se se der em pagamento coisa fungível, não se poderá mais reclamar do credor que, de boa-fé, a recebeu e consumiu, ainda que o solvente não tivesse o direito de aliená-la.

Suponha que "A" entregue a "B" sacas de trigo que na verdade são de "C". "B", credor, recebeu de boa-fé e o consume posteriormente.

Em se tratando de coisa fungível e havendo boa-fé do credor, bem como o consumo da coisa, ainda que o devedor não poderia alienar, o real proprietário nada poderá fazer contra "B" (credor).

O máximo é ele ingressar com ação judicial para obter a quantia das sacas em face de "A", que entregou as sacas sem estar autorizado.

DAQUELES A QUEM SE DEVE PAGAR

Como vimos, o *solvens* em regra é o devedor; e o *accipiens* será o credor. Mas nem sempre será assim, pois um terceiro pode pagar a dívida e um representante pode recebê-la.

Essa seção trata das pessoas a quem se deve pagar, ou seja, do *accipiens*. Iniciemos com o art. 308:

Art. 308. O pagamento deve ser feito ao credor ou a quem de direito o represente, sob pena de só valer depois de por ele ratificado, ou tanto quanto reverter em seu proveito.

Em regra, o devedor deve buscar o credor para fazer o pagamento, visto que o art. 308 diz que o pagamento se faz ao credor.

Mas vale repetir que o *accipiens* nem sempre será o credor propriamente dito, razão pela qual o art. 308 permite que o pagamento seja feito ao representante do credor.

Essa representação pode se dar por lei ou por contrato (ex: mandato).

Porém, é preciso tomar muito cuidado ao pagar uma dívida à pessoa que não é o verdadeiro credor. Sendo o pagamento feito a um representante, o pagamento só valerá, de fato, se houver ratificação do credor, ou se se provar que o pagamento reverteu ao seu proveito.

Ex: Pedro era devedor de Reinaldo na quantia de 500 reais. Reinaldo está fora do Brasil e nomeia seu advogado para receber o crédito. Pedro paga o débito ao advogado e manda um e-mail a Reinaldo informando o adimplemento.

Do exterior, por e-mail, Reinaldo informa que soube do pagamento. Veja que o e-mail valeu como forma de ratificação do pagamento, deixando Pedro exonerado da obrigação.

#O art. 308 fala em "validade". Isso significa que o pagamento feito ao não credor é nulo ou anulável?

R: Não significa nenhum dos dois, uma vez que o pagamento encontra-se na eficácia do negócio jurídico. Nesse sentido foi editado o Enunciado 425 do CJF: "O pagamento repercute no plano da eficácia, e não no plano da validade, como preveem os arts. 308, 309 e 310 do Código Civil".

Art. 309. O pagamento feito de boa-fé ao credor putativo é válido, ainda provado depois que não era credor.

Esse artigo traz o chamado credor putativo. O que é isso?

R: É a pessoa que aparenta poder receber o crédito.

Sendo feito o pagamento ao credor putativo, a lei considera válida pela boa-fé do devedor. E será válido ainda que se prove que o *representante* não era realmente a pessoa autorizada a receber.

Art. 310. Não vale o pagamento cientemente feito ao credor incapaz de quitar, se o devedor não provar que em benefício dele efetivamente reverteu.

Esse art. 310 trata da pessoa incapaz de dar quitação.

A incapacidade aqui citada não é aquela propriamente dita dos arts. 3º e 4º do CC, mas sim com uma interpretação mais ampla, abrangendo tanto a incapacidade absoluta ou relativa, como falta de autorização.

O artigo diz que não vale, ou não é eficaz, o pagamento feito à pessoa incapaz de dar quitação. Mas ao devedor surge uma opção: se ele provar que o pagamento efetivamente se reverteu em benefício do credor, aí sim será válido.

Portanto, temos o seguinte:

× Pagamento feito a pessoa incapaz de quitar + devedor NÃO prova reversão ao credor: pagamento inválido;

× Pagamento feito a pessoa incapaz de quitar + devedor prova reversão: pagamento válido.

#E se o devedor paga ao incapaz sem ter ciência dessa condição?

R: O art. 310 diz que não é válido o pagamento feito **cientemente** ao incapaz. Portanto, se o devedor sabia da incapacidade da pessoa e mesmo assim paga, é justo que não seja considerado válido.

Ex: pai falece e deixa 8 filhos. Um desses filhos é interditado, portanto absolutamente incapaz. O advogado, ao levantar o dinheiro deixado pelo falecido, se dirige diretamente ao filho incapaz, entregando sua quota hereditária, sem que sua curadora especial tenha ciência.

Esse pagamento não será válido, pois feito a pessoa incapaz de dar quitação. Mesmo sendo ela credora, deveria sua representante legal firmar a quitação.

Agora, se o devedor não sabe da incapacidade da pessoa, agiu ele de boa-fé, sendo considerado o pagamento válido.

Porém, como dito, mesmo o devedor pagando ao incapaz, ele deve provar que o dinheiro se reverteu ao credor, sendo assim o pagamento válido.

Art. 311. Considera-se autorizado a receber o pagamento o portador da quitação, salvo se as circunstâncias contrariarem a presunção daí resultante.

A pessoa que porta a quitação (recibo) não é o credor putativo, uma vez que a lei autoriza o recebimento por quem está de posse do recibo.

Mas é claro que as circunstâncias do caso concreto podem afastar essa presunção de autorização, a exemplo da falsificação de assinatura do credor. Se o devedor perceber que a assinatura não corresponde à realidade, pode se negar a entregar o dinheiro.

Art. 312. Se o devedor pagar ao credor, apesar de intimado da penhora feita sobre o crédito, ou da impugnação a ele oposta por terceiros, o pagamento não valerá contra estes, que poderão constranger o devedor a pagar de novo, ficando-lhe ressalvado o regresso contra o credor.

Numa relação obrigacional, o lógico é que o credor tenha um crédito e o devedor tenha um débito. No entanto, na vida cotidiana, os créditos são suscetíveis de penhora, servindo como pagamento de outros credores.

Suponha então que o credor A tenha um crédito contra o devedor B. Entretanto, a empresa 1 ingressa com ação judicial para pleitear o crédito existente na relação de A com B. Alega que o trabalho prestado pelo credor A era feito em nome da empresa, de modo que o recebimento do crédito por ele caracterizaria apropriação indébita.

O juiz concorda com os argumentos e provas da empresa e manda penhorar o crédito futuro – pois ainda não houve efetivo pagamento.

Sabendo da penhora realizada, o devedor, ao pagar, deveria fazer por meio de depósito judicial, a fim de que o valor ficasse sob a custódia do Judiciário. Porém, se mesmo sabendo da penhora ou impugnação, o devedor pague ao credor A, incide a regra do "quem paga mal paga duas vezes".

Se essa empresa 1 obtiver sentença definitiva do crédito, o pagamento feito ao credor 1 não valerá perante ela, que poderá constranger o devedor B a pagar de novo.

Assim, o que restará ao devedor B, mal pagador, é ingressar com ação de regresso contra o credor A para pleitear o valor indevidamente pago.

DO OBJETO DO PAGAMENTO E SUA PROVA

O art. 313 aduz:

Art. 313. O credor não é obrigado a receber prestação diversa da que lhe é devida, ainda que mais valiosa.

Se o credor aceita receber prestação diversa daquela que foi combinada, estaremos diante de uma novação objetiva. Sendo a novação um meio indireto de pagamento, só pode ocorrer se houver consentimento expresso do credor.

Nós temos 3 tipos de obrigações: de dar, fazer e não fazer. Se foi uma ou mais de uma dessas obrigações assumidas pelo devedor, ele só poderá se libertar caso cumpra exatamente o que foi determinado.

Art. 314. Ainda que a obrigação tenha por objeto prestação divisível, não pode o credor ser obrigado a receber, nem o devedor a pagar, por partes, se assim não se ajustou.

Esse artigo traz a proibição de parcelamento forçado da obrigação. A prestação divisível é aquela que pode ser fracionada, e sendo dessa natureza, o credor e o devedor não podem ser compelidos a receber ou a pagar parceladamente.

É o chamado princípio da identidade física da prestação. Por exemplo: Júlio é devedor da quantia de 10 mil reais por um cheque sem fundos e deseja pagar parceladamente. Contudo, o credor não aceita fazer acordo para parcelar. Por essa regra, não pode o Judiciário forçar a universidade receber os valores parceladamente se assim não ficou ajustado em contrato.

OBS: EXCEÇÃO: moratória legal do CPC.

O CPC/73 trouxe uma regra que foi reproduzida no CPC/15, que está presente no art. 916.

"Art. 916. No prazo para embargos, reconhecendo o crédito do exequente e comprovando o depósito de trinta por cento do valor em execução, acrescido de custas e de honorários de advogado, o executado poderá requerer que lhe seja permitido pagar o restante em até 6 (seis) parcelas mensais, acrescidas de correção monetária e de juros de um por cento ao mês."

Dentro dos 15 dias para apresentação de embargos à execução, será possível pedir o parcelamento da dívida demandada em até 6 vezes, com correção e juros de 1% ao mês.

Mas para tanto, deve o executado cumprir dois requisitos:

- × reconhecer o crédito do exequente;
- × comprovar o depósito de 30% da dívida, com custas e honorários.

Essa é a uma exceção à identidade física da prestação, pois obriga o credor a receber o valor em parcelas.

OBS: isso só cabe nos embargos à execução; não cabe no cumprimento de sentença (art. 916, §7º).

Art. 315. As dívidas em dinheiro deverão ser pagas no vencimento, em moeda corrente e pelo valor nominal, salvo o disposto nos artigos subseqüentes.

Sendo a dívida em dinheiro, o CC diz que ela deve ser paga na data do vencimento. O dinheiro deve ser a moeda corrente, ou seja, que esteja em vigor, e pelo seu valor nominal.

Significa que o devedor não pode pagar em cruzeiro ou cruzado, por exemplo, pois vigora o Real.

Além disso, o pagamento é pelo valor nominal e não pelo valor real. Isso significa que o devedor só vai se liberar da obrigação quando pagar o valor descrito no contrato, independentemente de correção monetária.

Se em janeiro de 2017 ficou estabelecido que 10 mil reais seriam pagos em janeiro de 2018, não será necessário corrigir o valor na hora do pagamento, visto que o CC exige o valor nominal.

Art. 316. É lícito convencionar o aumento progressivo de prestações sucessivas.

O valor da prestação pode variar segundo índices de inflação. É uma forma de se estabelecer o valor real da obrigação.

Ao dizer isso o CC afirma que é possível convencionar o aumento progressivo das prestações sucessivas. Portanto, permitiu a atualização monetária das dívidas em dinheiro por índice de correção previamente fixado pelas partes.

Art. 317. Quando, por motivos imprevisíveis, sobrevier desproporção manifesta entre o valor da prestação devida e o do momento de sua execução, poderá o juiz corrigi-lo, a pedido da parte, de modo que assegure, quanto possível, o valor real da prestação.

Motivo imprevisível é aquele que não se pode prever, que é repentino, súbito. Se por esse motivo repentino, o valor da prestação no momento da execução for manifestamente desproporcional ao valor da prestação, pode o juiz corrigir esse valor.

O juiz fará a correção para assegurar o valor real da prestação, evitando assim o enriquecimento sem causa.

Sobre o tema, há o enunciado 17 da I Jornada: "A interpretação da expressão 'motivos imprevisíveis', constante do art. 317 do novo Código Civil, deve abarcar tanto causas de desproporção não previsíveis, como também causas previsíveis, mas de resultados imprevisíveis."

Art. 318. São nulas as convenções de pagamento em ouro ou em moeda estrangeira, bem como para compensar a diferença entre o valor desta e o da moeda nacional, excetuados os casos previstos na legislação especial.

Em um contrato, se partes estabelecem pagamento em ouro ou em moeda estrangeira, tal cláusula será tida como nula, isto é, não se admitindo convalidação.

#Não é anulável, mas sim NULA!

Art. 319. O devedor que paga tem direito a quitação regular, e pode reter o pagamento, enquanto não lhe seja dada.

A quitação ou recibo é a declaração do credor para dizer que recebeu o valor combinado, liberando o devedor da obrigação.

Sendo a prova do pagamento, o devedor tem direito à quitação regular. Caso o recibo não seja dado, pode ele reter o pagamento, até que o recibo seja concedido.

Ou pode ainda o devedor ingressar com consignação em pagamento (art. 335, I, do CC).

Art. 320. A quitação, que sempre poderá ser dada por instrumento particular, designará o valor e a espécie da dívida quitada, o nome do devedor, ou quem por este pagou, o tempo e o lugar do pagamento, com a assinatura do credor, ou do seu representante.

O art. 320 traz os requisitos para a quitação ou recibo regular.

O instrumento da quitação pode ser sempre o instrumento particular, pois não há forma solene de celebração. Nesse instrumento particular, o credor deve indicar:

×   valor e espécie da dívida quitada;
×   nome do devedor, ou por quem o devedor pagou (representante ou 3º);
×   tempo (data) do pagamento;
×   lugar do pagamento; e
×   assinatura do credor ou representante.

Parágrafo único. Ainda sem os requisitos estabelecidos neste artigo valerá a quitação, se de seus termos ou das circunstâncias resultar haver sido paga a dívida.

Se o devedor pagou e não teve recibo, ou do recibo não constaram todos os requisitos, se pelas circunstâncias do caso se presumir ter sido a dívida paga, o devedor será liberado.

Ex: pode o devedor provar que fez o pagamento por depósito bancário e o credor confirmou por e-mail.

Art. 321. Nos débitos, cuja quitação consista na devolução do título, perdido este, poderá o devedor exigir, retendo o pagamento, declaração do credor que inutilize o título desaparecido.

Se eu estou devendo um valor contido em nota promissória, por exemplo, o credor fica de posse da nota, e quando eu pago, ele me devolve a nota, para que eu possa rasgá-la.

Mas o que acontece se o credor perder a nota?

R: eu, como devedor, posso exigir uma declaração do credor dizendo que não irá utilizar o título (nota) desaparecido.

Isso será a garantia de, caso o título apareça, o credor não me cobrar judicialmente por uma coisa já paga.

Art. 322. Quando o pagamento for em quotas periódicas, a quitação da última estabelece, até prova em contrário, a presunção de estarem solvidas as anteriores.

Quando a relação for de trato sucessivo, as prestações serão periódicas, isto é, pagas mensalmente, por exemplo.

O CC estabelece uma presunção relativa de que a quitação da última prestação engloba as prestações anteriores.

Mas sendo isso uma presunção relativa, cabe ao credor provar o contrário.

Por exemplo, se uma casa foi vendida por inúmeras parcelas, o comprador, ao requerer a escritura pública e comprovar o pagamento das últimas parcelas, terá direito de adjudicação compulsória, por conta da presunção de quitação.

TJSP: "Ação de adjudicação compulsória, cumulada com pleito indenizatório por danos morais e revisão contratual. Contrato de compra de lote de terreno para pagamento em 120 parcelas. Quitação do preço. Recusa da vendedora em lavrar escritura, ao argumento de existência de saldo devedor. Descabimento. Recibos emitidos mensalmente pela vendedora, sem qualquer ressalva, além da inexistência de notificação da adquirente quanto ao alegado saldo devedor. Inteligência do art. 943 do Código Civil de 1946" (Rel. Sebastião Carlos Garcia, 2007).

Art. 323. Sendo a quitação do capital sem reserva dos juros, estes presumem-se pagos.

Há aqui outra presunção relativa, no sentido de que caso a quitação seja dada em relação ao pagamento do valor principal, sem nada falar a respeito de juros, estes serão presumidos como pagos.

Art. 324. A entrega do título ao devedor firma a presunção do pagamento.

Se eu sou devedor de uma nota promissória e o credor me devolve a nota, posso entender que há presunção de pagamento.

Essa é uma presunção relativa que admite prova em contrário, como diz o p. único:

Parágrafo único. Ficará sem efeito a quitação assim operada se o credor provar, em sessenta dias, a falta do pagamento.

Parece estranho colocar o ônus da prova ao credor, já que a falta de pagamento é prova negativa.

Mesmo assim, caso o credor tenha entregado o título ao devedor, se o credor provar em 60 dias da quitação (entrega do título) que não houve pagamento, a quitação perde seus efeitos.

Art. 325. Presumem-se a cargo do devedor as despesas com o pagamento e a quitação; se ocorrer aumento por fato do credor, suportará este a despesa acrescida.

Regra geral, no contrato, toda despesa com o pagamento e a quitação será de responsabilidade do devedor.

Entram nesse artigo os exemplos do protesto.

Protesto: STJ, REsp 442.641: "Se a relação jurídica existente entre as partes não é de consumo e o protesto foi realizado em exercício regular de direito (protesto devido), o posterior pagamento do título pelo devedor, diretamente ao credor, não retira o ônus daquele (devedor) em proceder ao cancelamento do registro junto ao cartório competente".

Ou seja, o credor protesta uma dívida. Nesse caso, cabe ao devedor se dirigir ao cartório de protesto e pagar o valor. Contudo, o devedor paga diretamente ao credor e recebe a quitação. Ainda assim, as despesas de cancelamento do cartório ficarão a cargo do devedor (art. 26 da Lei 9.492/97).

OBS: art. 43, § 3°, do CDC e Súmula 548 STJ estabelecem o seguinte entendimento: a exclusão do nome do devedor do SPC/Serasa é de responsabilidade do credor.

Súmula 548 STJ: Incumbe ao credor a exclusão do registro da dívida em nome do devedor no cadastro de inadimplentes no prazo de cinco dias úteis, a partir do integral e efetivo pagamento do débito.

Art. 326. Se o pagamento se houver de fazer por medida, ou peso, entender-se-á, no silêncio das partes, que aceitaram os do lugar da execução.

Se o pagamento foi estabelecido em medida ou peso, valerá as regras em vigor do lugar da execução da obrigação.

DO LUGAR DO PAGAMENTO

DÍVIDAS QUESÍVEIS E PORTÁVEIS

Art. 327. Efetuar-se-á o pagamento no domicílio do devedor, salvo se as partes convencionarem diversamente, ou se o contrário resultar da lei, da natureza da obrigação ou das circunstâncias.

O local do pagamento é o lugar em que as partes irão se reunir na data marcada: o devedor para pagar sua prestação e o credor, para recebê-la.

As partes são livres para escolher o lugar do pagamento. Mas, se nem a lei nem o contrato estabelecer nada, o art. 327 elenca o **domicílio do devedor como lugar do pagamento**.

É um princípio que protege o devedor na relação obrigacional, trazendo-lhe condições mais favoráveis.

A essa regra de que o pagamento deve ser feito no local do devedor se dá o nome de *favor debitoris*.

#O que é dívida quesível (*quérable*)?

R: dívida cujo pagamento se dá no domicílio do devedor, devendo o credor buscar o pagamento.

#O que é dívida portável (*portable*)?

R: dívida cujo pagamento se dá no domicílio do credor, pois o devedor deve levar e pagar. Para a dívida ser portável, é necessário que:

× partes convencionarem diversamente;
× ou o contrário resulte da lei, da natureza da obrigação ou das circunstâncias.

Parágrafo único. Designados dois ou mais lugares, cabe ao credor escolher entre eles.

Se, por exemplo, o devedor indicou dois lugares, sua casa e trabalho, há uma alternativa de pagamento, e nesse caso o **credor** pode escolher qualquer deles.

Art. 328. Se o pagamento consistir na tradição de um imóvel, ou em prestações relativas a imóvel, far-se-á no lugar onde situado o bem.

Pela natureza da obrigação, sendo o bem imóvel, não há que se falar em obrigações portáveis ou quesíveis.

Então, nesse caso de tradição de imóvel, o pagamento é feito no lugar onde está o bem. Sendo a tradição simbólica, apenas com a entrega das chaves, o local também é onde está o bem.

Exceção à regra das obrigações quesíveis e portáveis é a das prestações relativas ao imóvel. Mesmo sendo dívida em dinheiro, as prestações são pagas no local de situação do bem.

Ex: Júlio mora em São Paulo e vende uma casa de Ilha Bela a Marta, que mora em Diadema. Pelo art. 328, o pagamento deve ser feito em Ilha Bela, pois é onde se situa o bem.

Art. 329. Ocorrendo motivo grave para que se não efetue o pagamento no lugar determinado, poderá o devedor fazê-lo em outro, sem prejuízo para o credor.

Se o pagamento foi estabelecido no domicílio do devedor (obrigação quesível) ou no do credor (obrigação portável), mas por motivo grave, o pagamento não puder ser feito no local firmado, o devedor tem o direito de fazer em outro lugar, desde que não traga prejuízos ao credor.

#E o que é motivo grave?

R: trata-se de conceito jurídico indeterminado, que o legislador deixou ao arbítrio do juiz no caso concreto. Pode ser interpretado como doença, acidente, calamidade, greve etc.

Alteração do lugar do pagamento: supressio e surrectio (boa-fé objetiva)

Art. 330. O pagamento reiteradamente feito em outro local faz presumir renúncia do credor relativamente ao previsto no contrato.

Suponha que em um contrato de locação ficou estabelecido que o locatário levaria o pagamento na casa do locador todo dia 10 do mês.

Contudo, com o passar dos tempos, o credor, ao visitar sua filha em residência próxima a do locatário, passa reiteradamente a se dirigir ao locatário para receber o aluguel.

Nesse caso, o pagamento reiteradamente feito em outro local presume renúncia do credor em relação ao local pactuado.

Trata-se da *supressio* e da *surrectio*. *Supressio* ou supressão é a renúncia de um direito pelo seu não exercício. Ocorrendo a *supressio*, de outro lado ocorre a *surrectio* ou surgimento, que faz surgir ao devedor um direito.

DO TEMPO DO PAGAMENTO

Art. 331. Salvo disposição legal em contrário, não tendo sido ajustada época para o pagamento, pode o credor exigi-lo imediatamente.

Além do lugar do pagamento, as partes devem saber o momento em que a dívida deve ser adimplida.

Tanto o credor como o devedor têm interesse em saber o tempo do pagamento, pois o credor não pode exigi-lo antes, salvo vencimento antecipado; e o devedor não pode pagar depois, sob pena de inadimplemento.

Caso a lei ou o contrato seja omisso quanto ao tempo do pagamento, o credor pode exigi-lo imediatamente. Isto é, não havendo dilação de prazo para pagar, conclui ser a dívida à vista.

Art. 332. As obrigações condicionais cumprem-se na data do implemento da condição, cabendo ao credor a prova de que deste teve ciência o devedor.

O que são obrigações condicionais?

R: São aquelas subordinas a um evento futuro e incerto. Havendo condição (resolutiva ou expressa), o seu cumprimento (pagamento) se dará na data em que a condição se implementar.

E sobre o implemento, cabe ao credor provar que o devedor teve conhecimento.

Ex: advogado é contratado para ingressar com ação trabalhista, ficando seus honorários sujeitos à vitória da ação (*ad exitum*). Havendo trânsito em julgado da ação, cuja decisão foi favorável ao seu cliente, houve implemento da condição, cabendo ao credor (advogado) comprovar que o devedor tomou conhecimento da vitória para então pagar-lhe os honorários.

Art. 333. Ao credor assistirá o direito de cobrar a dívida antes de vencido o prazo estipulado no contrato ou marcado neste Código:

I. no caso de falência do devedor, ou de concurso de credores;

II. se os bens, hipotecados ou empenhados, forem penhorados em execução por outro credor;

III. se cessarem, ou se se tornarem insuficientes, as garantias do débito, fidejussórias, ou reais, e o devedor, intimado, se negar a reforçá-las.

O art. 333 traz hipóteses de insolvência do devedor e que permite presumir que ele não pagará o valor pactuado com o credor.

Nesse caso, fala-se em vencimento antecipado da dívida, não sendo viável que o credor espere o vencimento chegar para não receber seu crédito, já sabendo que não irá receber.

Portanto, o CC permite que o credor cobre a dívida antes de vencido o prazo para pagamento nas seguintes hipóteses:

Inciso I: concurso creditório: havendo falência do devedor, o credor já pode habilitar seu crédito para entrar no rateio.

O CC permite que ele ingresse antes do vencimento, porque se esperar a data chegar, talvez não haja mais patrimônio.

Inciso II: o credor pode cobrar a dívida antecipadamente se o bem em garantia de hipoteca ou penhor foi executado por outro credor.

Ex: CEF financia um apartamento para Maria por meio de hipoteca. Maria deixa de pagar as taxas condominiais e é demanda judicialmente pelo condomínio. Em fase de execução, o condomínio consegue a penhora do imóvel.

Nesse caso, a CEF terá direito de cobrar a dívida antecipadamente.

Inciso III: será possível o vencimento antecipado se a garantia pessoal for extinta ou diminuída e o devedor não reforçar a garantia.

Ex: morte do fiador ou perecimento/deterioração da garantia real.

Parágrafo único. Nos casos deste artigo, se houver, no débito, solidariedade passiva, não se reputará vencido quanto aos outros devedores solventes.

Por ex: se a dívida tem 3 devedores solidários e só um deles entra em falência, o vencimento da dívida só vale para o falido. Quanto aos outros dois devedores, não se reputará vencido o débito.

DO PAGAMENTO EM CONSIGNAÇÃO

Art. 334. Considera-se pagamento, e extingue a obrigação, o depósito judicial ou em estabelecimento bancário da coisa devida, nos casos e forma legais.

Quando uma obrigação é firmada, a sua natural extinção se dá pelo pagamento feito pelo devedor para satisfação do credor.

O devedor paga no vencimento para evitar os efeitos da mora. Mas o pagamento depende da concordância do credor. Não havendo essa concordância, o devedor não fica exonerado da obrigação.

Portanto, o devedor tem não só o dever de pagar, mas também o direito de pagar a dívida. Para exercer esse poder-dever, caso o credor se oponha ao pagamento, surge o pagamento em consignação.

A consignação é um meio indireto de pagamento consistente no depósito feito pelo devedor para se liberar da obrigação assumida.

O depósito judicial ou o depósito em estabelecimento bancária será considerado pagamento e extinguirá a obrigação. Para produzir efeitos como consignação, devem estar presentes os casos possíveis e a forma da lei (art. 335).

HIPÓTESES QUE PERMITEM A CONSIGNAÇÃO

Art. 335. A consignação tem lugar:

I. se o credor não puder, ou, sem justa causa, recusar receber o pagamento, ou dar quitação na devida forma;

Em suma, temos 3 hipóteses:

× credor impossibilitado de receber;
× credor recusa pagamento (sem justa causa);
× credor recusa quitação (sem justa causa).

OBS: a recusa injusta (sem justa causa) é que autorização a consignação. Se a recusa for justa, não se pode falar em consignação.

Ex: aluguel foi reajustado pelo IGPM, mas o locatário pagou o valor antigo. Nesse caso, o locador pode se recusar, porque a recusa é justa.

OBS2: o caso de recusar quitação só tem sentido na dívida portável, aquela em que o pagamento é feito no domicílio do credor.

Por que não vale para a dívida quesível? Porque na dívida quesível, o credor é que sai da sua casa e vai até a casa do devedor cobrar.

Se ele foi atrás, significa que não se opõe ao pagamento – aliás, ele procurar receber o valor da prestação.

Na consignação, o devedor (consignante) tem que provar que ofertou o valor e o credor se recusou. O credor, por sua vez, terá de provar a justa causa.

II. se o credor não for, nem mandar receber a coisa no lugar, tempo e condição devidos;

Fala-se aqui na dívida quesível, cujo pagamento é feito no domicílio do devedor. Se o credor não for pessoalmente cobrar a dívida ou não mandar ninguém em seu lugar, na data convencionada, surge a possibilidade de consignação em pagamento.

III. se o credor for incapaz de receber, for desconhecido, declarado ausente, ou residir em lugar incerto ou de acesso perigoso ou difícil;

Credor incapaz: se o credor é incapaz, deve seu representante legal receber em seu lugar. Se não tiver representante, caberá a consignação em pagamento.

Credor desconhecido, ausente ou que resida em local incerto ou de acesso perigoso ou difícil também são causas que autorizem a consignação.

IV. se ocorrer dúvida sobre quem deva legitimamente receber o objeto do pagamento;

Ex: dois credores são interessados em receber o pagamento, mas o devedor tem dúvida para quem pagar.

Para não ficar em mora, o devedor entra com a consignação pedindo a citação dos dois devedores. Ex: município de São Paulo e Guarulhos brigam para receber um tributo.

Só se houver dúvida é que a consignação é possível. Não sendo duvidoso o credor, a consignação pode ser extinta por falta de interesse de agir.

V. se pender litígio sobre o objeto do pagamento.

O inciso V traz a única causa objetiva de consignação, ou seja, eu vislumbro a hipótese independente de análise da condição de fato do credor.

Basta que haja litígio sobre o objeto do pagamento para que o devedor ingresse com consignação. Ora, se a coisa objeto da obrigação está sendo discutida em juízo, o devedor não quer pagar para o credor e correr o risco de pagar mal.

Assim, ele ingressa com consignação em pagamento, e ao final da ação, quem se sair vencedor levanta o bem.

OBS: a doutrina diz que esse rol é exemplificativo.

Art. 336. Para que a consignação tenha força de pagamento, será mister concorram, em relação às pessoas, ao objeto, modo e tempo, todos os requisitos sem os quais não é válido o pagamento.

Sendo a consignação um meio indireto de pagamento, para que ela tenha força de pagamento, é necessária a presença de todos os requisitos de validade do negócio jurídico.

Será preciso agente capaz, objeto lícito, forma prescrita etc. Isso significa também que se a dívida foi pactuada em dinheiro, não pode na consignação o devedor entregar objeto diverso.

Art. 337. O depósito requerer-se-á no lugar do pagamento, cessando, tanto que se efetue, para o depositante, os juros da dívida e os riscos, salvo se for julgado improcedente.

Esse artigo é o texto literal do art. 540 do CPC. Quando o devedor for entrar com a consignação, o ajuizamento é feito no lugar do pagamento.

Se a dívida é quesível, a ação se inicia no domicílio do devedor; se é portável, se inicia no domicílio do credor.

Sendo requerido o depósito, cessam os juros e os riscos da dívida até o final da ação. Caso o pedido de depósito seja improcedente, o credor poderá cobrar os juros.

DO PAGAMENTO COM SUB-ROGAÇÃO

A sub-rogação pode ser entendida como a substituição de uma pessoa por outra dentro de uma relação obrigacional.

A sub-rogação portanto vai permitir que credor saia satisfeito na obrigação por conta de um pagamento realizado por terceiros. O devedor, contudo, ainda continuará responsável pela dívida, porém agora perante o terceiro e não mais perante o credor originário. O terceiro então passará a ser o credor da relação obrigacional, já que com a su- rogação houve uma substituição das partes envolvidas na obrigação

A sub-rogação opera-se, de pleno direito, em favor, do credor que paga a dívida do devedor comum, do adquirente do imóvel hipotecado, que paga a credor hipotecário, bem como do terceiro que efetiva o pagamento para não ser privado de direito sobre imóvel;

Também há sub-rogação do terceiro interessado, que paga a dívida pela qual era ou podia ser obrigado, no todo ou em parte.

A sub-rogação pode ser convencional em dois casos:

I. quando o credor recebe o pagamento de terceiro e expressamente lhe transfere todos os seus direitos;

II. quando terceira pessoa empresta ao devedor a quantia precisa para solver a dívida, sob a condição expressa de ficar o mutuante sub-rogado nos direitos do credor satisfeito.

Em se tratando do caso do credor que recebe o pagamento de terceiro e transfere os seus direitos à pessoa que pagador, serão aplicadas as regras da cessão do crédito.

O que é transferido com a sub-rogação?

A sub-rogação irá transferir ao novo credor todos os direitos, ações, privilégios e garantias do primitivo, em relação à dívida, contra o devedor principal e os fiadores.

Na sub-rogação legal o sub-rogado não poderá exercer os direitos e as ações do credor, senão até à soma que tiver desembolsado para desobrigar o devedor.

Por fim, o credor originário, só em parte reembolsado, terá preferência ao sub-rogado, na cobrança da dívida restante, se os bens do devedor não chegarem para saldar inteiramente o que a um e outro dever.

DA IMPUTAÇÃO DO PAGAMENTO

A imputação do pagamento é a possibilidade que o devedor tem de, quando estiver diante de dois ou mais débitos, puder indicar qual deles está pagando, desde que sejam todos os débitos líquidos e vencidos. É o que diz o art. 352:

Art. 352. A pessoa obrigada por dois ou mais débitos da mesma natureza, a um só credor, tem o direito de indicar a qual deles oferece pagamento, se todos forem líquidos e vencidos.

Se o devedor não declarar em qual das dívidas líquidas e vencidas quer imputar o pagamento, se aceitar a quitação de uma delas, ele não terá direito a reclamar contra a imputação feita pelo credor, exceto se provar haver o credor cometido violência ou dolo.

Havendo capital e juros, o pagamento imputar-se-á primeiro nos juros vencidos, e depois no capital, salvo estipulação em contrário, ou se o credor passar a quitação por conta do capital.

Se o devedor não fizer a indicação do art. 352, e a quitação for omissa quanto à imputação, esta se fará nas dívidas líquidas e vencidas em primeiro lugar. Se as dívidas forem todas líquidas e vencidas ao mesmo tempo, a imputação far-se-á na mais onerosa.

DA DAÇÃO EM PAGAMENTO

Existe uma regra já vista anteriormente de que o credor não é obrigado a receber prestação diversa da que lhe é devida, ainda que mais valiosa. Pois bem, a dação em pagamento é uma exceção a essa regra.

Embora o credor não seja obrigado a receber prestação diversa, ele, se quiser, pode optar por isso, por sua livre e espontânea vontade. É o que estabelece o art. 356:

Art. 356. O credor pode consentir em receber prestação diversa da que lhe é devida.

Determinado o preço da coisa dada em pagamento, as relações entre as partes regular-se-ão pelas normas do contrato de compra e venda.

Caso a dação em pagamento tenha como base um título de crédito, a transferência deste título será considerada uma cessão.

Se o credor sofrer os efeitos da evicção diante da coisa recebida em dação em pagamento, a obrigação primitiva será restabelecida. Nesse caso, a quitação dada na dação fica sem efeito, assegurados os direitos de terceiros.

Para entender, evicção, em linhas gerais, é a perda propriedade ou posse de um bem por força de decisão judicial. Pode acontecer, por exemplo, de alguém comprar um bem cuja posse esteja sendo discutida judicialmente e que, ao final da ação, tenha de ser transferida a terceiro por força da decisão judicial proferida. Assim, aquela pessoa que antes tinha a posse do bem deve entrega-lo ao terceiro beneficiado pela decisão judicial. A esse fenômeno se dá o nome de evicção.

A mesma coisa pode ocorrer caso um bem seja dado em dação em pagamento e posteriormente ocorra a evicção. O que o CC diz é que havendo evicção da coisa dada em dação, a obrigação antes estabelecida renasce e a dação fica sem efeito. Portanto, o devedor volta a ser responsável pela dívida anterior.

DA NOVAÇÃO

No instituto da novação, as partes integrantes de uma relação obrigacional criam uma nova relação obrigacional, extinguindo-se a dívida anterior e criando-se uma nova. É o que acontece, por exemplo, no caso de uma renegociação.

A novação se opera:

I. quando o devedor contrai com o credor nova dívida para extinguir e substituir a anterior;

II. quando novo devedor sucede ao antigo, ficando este quite com o credor;

III. quando, em virtude de obrigação nova, outro credor é substituído ao antigo, ficando o devedor quite com este.

Não havendo ânimo de novar, expresso ou tácito mas inequívoco, a segunda obrigação confirma simplesmente a primeira.

A novação por substituição do devedor pode ser efetuada independentemente de consentimento deste.

Se o novo devedor for insolvente, não tem o credor, que o aceitou, ação regressiva contra o primeiro, salvo se este obteve por má-fé a substituição.

A novação irá extinguir os acessórios e garantias da dívida, se não houver estipulação em contrário. Não aproveitará, contudo, ao credor ressalvar o penhor, a hipoteca ou a anticrese, se os bens dados em garantia pertencerem a terceiro que não foi parte na novação.

Importa exoneração do fiador a novação feita sem seu consenso com o devedor principal. Significa

DA COMPENSAÇÃO

Se duas pessoas forem ao mesmo tempo credor e devedor uma da outra, as duas obrigações extinguem-se, até onde se compensarem.

Ex: João deve R$ 100 a Carlos, e Carlos deve R$ 50 a João. Nesse caso, as dívidas se compensam, de modo que João, com a compensação, deverá só R$ 50, já que possuía um crédito perante Carlos.

Para que haja compensação, as dívidas devem ser líquidas, vencidas e de coisas fungíveis.

Dívida líquida é aquela que tem valor certo. Vencida é a dívida que deveria ser paga em certo termo, mas não foi. E a dívida deve ser de coisa fungível, que pode ser substituída por outra de mesma espécie, qualidade e quantidade.

DA CONFUSÃO

A confusão é uma causa de extinção da obrigação que ocorre quando na mesma pessoa reside a qualidade de credor e devedor.

Vamos supor que João é amigo de Carlos e deve a ele R$ 100. Carlos realiza um testamento e nomeia João como beneficiário. Com o falecimento, o testamento é a aberto e todos os bens, inclusive os créditos, são repassados a João. Dessa forma, aquele crédito que Carlos tinha, considerando o testamento, agora é de João, de maneira que em João repousa a qualidade de credor do crédito, operando-se a confusão.

O art. 381 do CC diz:

Art. 381. Extingue-se a obrigação, desde que na mesma pessoa se confundam as qualidades de credor e devedor.

A confusão pode ser total, quando atinge a dívida toda; ou parcial, quando se atinge apenas parte da dívida.

DA REMISSÃO DAS DÍVIDAS

Remissão, em poucas palavras, é um perdão. É uma causa extintiva da obrigação, porque o credor perdoa a dívida e por isso ela deixa de existir.

A remissão da dívida, para extinguir a obrigação, deve ser aceita pelo devedor, e não pode ser feita em prejuízo de terceiro.

A remissão pode ser dada por escrito, de maneira expressa, cuja manifestação de vontade do credor é de perdoar a dívida, ou também pode ser feita de maneira tácita, quando o credor demonstra perdoar a dívida por alguma conduta.

DO INADIMPLEMENTO DAS OBRIGAÇÕES

O inadimplemento da obrigação ocorre quando o devedor deixa de cumprir com sua prestação na relação obrigacional.

Se firmou negócio jurídico se comprometendo a uma obrigação de dar, fazer ou não fazer, mas agiu de modo contrário ao cumprimento, está ele inadimplente.

Dessa forma, não cumprida a obrigação, o devedor responde pelas perdas e danos, com juros e atualização monetária segundo índices oficiais regularmente estabelecidos, bem como honorários de advogado.

Em se tratando de obrigação de não fazer, ou obrigação negativa, o inadimplemento é verificado desde o dia em que executou o ato de que se devia abster.

Todos os bens do devedor responderão pelo inadimplemento das obrigações, salvo os bens impenhoráveis previstas na lei processual.

Uma hipótese de exclusão da responsabilidade pelo inadimplemento se dá quando o prejuízo resulta de caso fortuito ou força maior. A regra é que não haverá responsabilidade, exceto se expressamente o devedor por ele se responsabilizou.

O inadimplemento é dividido em absoluto e relativo:

× Absoluto: o inadimplemento é completo, sem possibilidade de cumprimento posterior.

× Relativo: o inadimplemento é parcial, de modo a ainda existir a possibilidade de que a prestação seja cumprida. A isso se dá o nome de mora.

DA MORA

O devedor estará em mora quando não efetuar o pagamento e o credor não quiser recebê-lo no tempo, lugar e forma que a lei ou a convenção estabelecer.

Na mora o devedor irá responder pelos prejuízos a que sua mora der causa, mais juros, atualização dos valores monetários segundo índices oficiais regularmente estabelecidos, e honorários de advogado.

Caso a prestação se torne inútil ao credor, ele pode rejeitar e exigir a satisfação pelas perdas e danos.

A mora pode ser dividida em duas: mora *ex re* e mora *ex persona*.

× Mora *ex re*: é a mora que existe sem necessidade de interpelação do devedor. Havido o inadimplemento, o devedor já está em mora.

É o que diz o art. 397 do CC:

Art. 397. O inadimplemento da obrigação, positiva e líquida, no seu termo, constitui de pleno direito em mora o devedor.

× Mora *ex persona*: é a mora que será constituída após o devedor ser cientificado disso.

O parágrafo único do art. 397 diz:

Parágrafo único. Não havendo termo, a mora se constitui mediante interpelação judicial ou extrajudicial.

Em se tratando de ato ilícito, o devedor estará em mora desde o dia que o praticou.

Art. 399. O devedor em mora responde pela impossibilidade da prestação, embora essa impossibilidade resulte de caso fortuito ou de força maior, se estes ocorrerem durante o atraso; salvo se provar isenção de culpa, ou que o dano sobreviria ainda quando a obrigação fosse oportunamente desempenhada.

Art. 400. A mora do credor subtrai o devedor isento de dolo à responsabilidade pela conservação da coisa, obriga o credor a ressarcir as despesas empregadas em conservá-la, e sujeita-o a recebê-la pela estimação mais favorável ao devedor, se o seu valor oscilar entre o dia estabelecido para o pagamento e o da sua efetivação.

DAS PERDAS E DANOS

As perdas e danos, em regra, abrangem o que o credor efetivamente perdeu (danos emergentes), o que razoavelmente deixou de lucrar (lucros cessantes).

No que tange às obrigações de pagamento em dinheiro, as perdas e danos serão pagas com atualização monetária segundo índices oficiais regularmente estabelecidos, abrangendo juros, custas e honorários de advogado, sem prejuízo da pena convencional.

O termo inicial dos juros de mora se dá desde a citação inicial.

DOS JUROS LEGAIS

Juros são os acréscimos em dinheiro da prestação inadimplida e que pode ser de 3 tipos: moratórios, compensatórios e convencionais.

Os juros moratórios são aqueles que existem quando há a mora no cumprimento da prestação. É uma forma indenizar o prejuízo causado pela demora.

Os juros compensatórios, por sua vez, são aqueles fixados para remunerar alguém pela utilização do dinheiro, como é o caso do mútuo em dinheiro, em que uma parte empresta dinheiro à outra.

Por fim, os juros convencionais são os previstos pelas partes no contrato celebrado.

CLÁUSULA PENAL

A cláusula penal pode ser entendida como uma pena estabelecida pelas partes dentro de uma obrigação e que será aplicada em caso de inexecução total ou parcial da prestação por parte do devedor.

A cláusula penal vai ter duas funções: a primeira é uma função coercitiva, de modo a garantir que a prestação seja cumprida, prevenindo assim o inadimplemento.

A segunda função da é ressarcitória, pois irá ressarcir o credor em caso de o inadimplemento, de fato, ocorrer.

Existem 2 tipos de cláusula penal: a compensatória e a moratória.

A compensatória vai permitir que o credor exija do devedor o cumprimento da prestação avençada ou o pagamento da multa prevista.

A moratória é a multa exigida para o caso de a prestação não ser cumprida em sua totalidade.

Para que a cláusula penal seja exigida não é necessário que o credor alegue prejuízo, bastando que a cláusula penal seja estabelecida entre as partes no negócio jurídico celebrado.

ARRAS OU SINAL

As arras ou sinal pode ser entendida como uma quantia entregue geralmente no início do contrato.

Se na conclusão do contrato, uma parte der à outra, a título de arras, dinheiro ou outro bem móvel, deverão as arras, em caso de execução, ser restituídas ou computadas na prestação devida, se do mesmo gênero da principal.

Caso a parte que deu as arras não executar o contrato, poderá a outra parte considerá-lo por desfeito, retendo-as.

Já se a inexecução for de quem recebeu as arras, poderá quem as deu considerar o contrato por desfeito, e exigir sua devolução mais o equivalente, com atualização monetária segundo índices oficiais regularmente estabelecidos, juros e honorários de advogado.

+ EXERCÍCIOS DE FIXAÇÃO

01. Ano: 2023 Banca: Instituto Consulplan Órgão: SEGER-ES Prova: Instituto Consulplan - 2023 - SEGER-ES - Analista do Executivo – Direito

A solidariedade passiva representa uma vantagem para o credor, pois, ao possibilitar a cobrança da dívida a qualquer um dos devedores, amplia a possibilidade de recebimento do montante devido.

Na solidariedade passiva:

A) O devedor solidário responde por perdas e danos, ainda que não incorra em culpa.

B) Compete exclusivamente ao devedor solidário culpado pela dívida responder pelos juros de mora.

C) Ocorrerá renúncia à solidariedade com a propositura de ação pelo credor contra um ou alguns dos devedores.

D) A renúncia à solidariedade equivale à remissão, visto que o devedor fica inteiramente liberado do vínculo obrigacional.

E) Havendo a renúncia quanto a apenas um dos devedores, o credor não poderá cobrar do beneficiado a sua quota na dívida, e a solidariedade permanecerá quanto aos demais devedores. A renúncia ao crédito equivale ao perdão, exonerando-se da obrigação o devedor beneficiado, remanescendo para os demais devedores o restante da dívida.

02. Ano: 2023 Banca: Quadrix Órgão: CRO - SC Prova: Quadrix - 2023 - CRO - SC - Advogado

Segundo as disposições do Código Civil a respeito das obrigações, julgue o item. A solidariedade é sempre presumida, sendo vedado às partes estabelecer ou afastar por convenção ou contrato.

( ) Certo.

( ) Errado.

» GABARITO

01. Letra E.

02. Errado.

DA RESPONSABILIDADE CIVIL

A responsabilidade civil está intimamente ligada à ideia de ato ilícito, um ato contrário ao direito. Assim, toda pessoa que praticar um ato ilícito e com isso causar um dano a alguém, ficará obrigado a repará-lo.

A responsabilidade civil pode ser contratual ou extracontratual, também chamada de aquiliana. A que será tratada nesse capítulo será a extracontratual.

A responsabilidade contratual faz parte de outro regramento, o qual vem previsto no art. 389 e 395 do CC, quando a violação do direito advém de um contrato firmado entre pessoas.

Já na responsabilidade extracontratual ou aquiliana a violação é da lei.

ELEMENTOS DA RESPONSABILIDADE CIVIL

Os elementos que compõem a responsabilidade civil são: conduta, dano, nexo de causalidade e culpa.

Conduta: é uma ação ou omissão praticada pelo homem de forma voluntária ou por negligência, imprudência ou imperícia.

Essa conduta, seja da forma positiva (ação) ou negativa (omissão), se se caracterizar como ato ilícito, ou seja, contrário ao direito, irá gerar responsabilidade civil ao causador do dano, devendo ele indenizar.

O art. 186 do CC estabelece a conduta:

"Aquele que, por ação ou omissão voluntária, negligência ou imprudência, violar direito e causar dano a outrem, ainda que exclusivamente moral, comete ato ilícito".

Dano: é uma lesão a algum bem jurídico.

O dano pode, por exemplo, ser material, moral ou estético. Em suma, é o prejuízo experimentado pela vítima por decorrência do ato ilícito praticado.

Danos emergentes: é aquilo que a vítima efetivamente perdeu por conta do ato ilícito. É, por exemplo, o empréstimo não pago, o automóvel abalroado em acidente de trânsito etc.

Vem previsto no art. 402 do CC.

Art. 402. Salvo as exceções expressamente previstas em lei, as perdas e danos devidas ao credor abrangem, além do que ele **efetivamente perdeu**, o que razoavelmente deixou de lucrar.

Lucros cessantes: o art. 402 também menciona os lucros cessantes, que são aqueles rendimentos que a pessoa deixa de lucrar em decorrência do ato ilícito. Imagine um taxista que teve seu carro abalroado e teve de deixar o veículo em oficina por 15 dias, impedindo-lhe de fazer suas corridas. Ele realmente deixou de lucrar, pois o automóvel era usado para o exercício de seu ofício.

Danos morais: é o prejuízo causado à vítima ligado à ofensa a algum direito da personalidade, que lhe cause constrangimento, dor, humilhação.

Vamos a um exemplo prático de danos morais: comerciante comprou aparelho celular de determinada marca e ainda dentro do prazo garantia surgiram problemas. A marca se recusou a reparar os danos, por desconhecer o defeito alegado, fazendo com o que o usuário ficasse sem acesso ao celular para se comunicar com seus clientes.

Lembrando que pessoa jurídica também pode sofrer dano moral. Nesse sentido diz a Súmula 227 do STJ: "A pessoa jurídica pode sofrer dano moral".

Contudo, há o entendimento, do próprio STJ, de que o dano moral para pessoa jurídica está atrelado a alguma ofensa à sua honra objetiva. Ficou decidido no REsp 1.298.689-RS:

> "Pessoa jurídica pode sofrer dano moral, mas apenas na hipótese em que haja ferimento à sua honra objetiva, isto é, ao conceito de que goza no meio social. Embora a Súm. n. 227/STJ preceitue que "a pessoa jurídica pode sofrer dano moral", a aplicação desse enunciado é restrita às hipóteses em que há ferimento à honra objetiva da entidade, ou seja, às situações nas quais a pessoa jurídica tenha o seu conceito social abalado pelo ato ilícito, entendendo-se como honra também os valores morais, concernentes à reputação, ao crédito que lhe é atribuído, qualidades essas inteiramente aplicáveis às pessoas jurídicas, além de se tratar de bens que integram o seu patrimônio. Talvez por isso, o art. 52 do CC, segundo o qual se aplica "às pessoas jurídicas, no que couber, a proteção aos direitos da personalidade", tenha-se valido da expressão "no que couber", para deixar claro que somente se protege a honra objetiva da pessoa jurídica, destituída que é de honra subjetiva. O dano moral para a pessoa jurídica não é, portanto, o mesmo que se pode imputar à pessoa natural, tendo em vista que somente a pessoa natural, obviamente, tem atributos biopsíquicos. O dano moral da pessoa jurídica, assim sendo, está associado a um "desconforto extraordinário" que

afeta o nome e a tradição de mercado, com repercussão econômica, à honra objetiva da pessoa jurídica, vale dizer, à sua imagem, conceito e boa fama, não se referindo aos mesmos atributos das pessoas naturais." Precedente citado: REsp 45.889-SP, DJ 15/8/1994. REsp 1.298.689-RS, Rel. Min. Castro Meira, julgado em 23/10/2012.Sobre isso há o entendimento de que o inadimplemento contratual não tem o condão de causar dano moral, devendo, somado a isso, haver algum tipo de sofrimento ou violação à dignidade da pessoa humana.

Nexo de causalidade: é o vínculo ligado entre a conduta do agente e o dano causado.

RESPONSABILIDADE CIVIL OBJETIVA E SUBJETIVA

A responsabilidade civil sempre teve como base a culpa do agente. Antigamente, a responsabilidade civil se baseava na culpa que deveria ser provada pela vítima, tendo-se assim o sistema da responsabilidade subjetiva.

No entanto, nem sempre é fácil provar-se a culpa, de modo que em dado momento foi-se permitindo a culpa presumida, até que se chegou à denominada responsabilidade objetiva, baseada no risco. Dessa forma, o Brasil possui esses dois sistemas de responsabilidade.

No entanto, lembre-se que a responsabilidade civil subjetiva, a qual deve ter provada a culpa, ainda se configura como regra. A desnecessidade de prova da culpa se dará em outros casos.

Nesse sentido o art. 927, parágrafo único, do CC, diz:

Parágrafo único. Haverá obrigação de reparar o dano, **independentemente de culpa**, nos casos especificados em lei, ou quando a atividade normalmente desenvolvida pelo autor do dano implicar, por sua natureza, risco para os direitos de outrem.

Há alguns casos ainda que permitem o reconhecimento da responsabilidade objetiva, sem a necessidade de se provar a culpa, uma vez que a atividade se baseia no risco.

São as denominadas teorias do risco, sendo elas: risco integral, risco proveito e risco criado.

Risco integral: é a responsabilidade que não vai admitir a alegação de excludente. É mais ligada à responsabilidade por danos ambientais. Assim, em caso de dano ambiental, ainda que se tente provar não haver culpa, haverá o dever de indenizar.

Risco proveito: aquele que se beneficia da atividade ilícita (proveito) terá o dever de indenizar. Com a prática do ato houve lucro ou recebimento de proveito pelo causador de dano.

Risco criado: é uma teoria mais abrangente que a do risco proveito, e reza que haverá o dever de indenizar em razão da atividade desenvolvida, a qual cria um perigo.

RESPONSABILIDADE DO INCAPAZ

A pessoa incapaz para os atos da vida civil responde pelos prejuízos que causar, mas desde que as pessoas por ele responsáveis não tenham obrigação de fazê-lo ou não dispuserem de meios suficientes.

No entanto, a indenização pelo ato ilícito causado pelo incapaz deverá ser equitativa e não será fixada caso o prive do necessário para sua sobrevivência, bem como as pessoas que dele dependem.

DETERIORAÇÃO OU DESTRUIÇÃO DA COISA ALHEIA PARA REMOVER PERIGO IMINENTE

O art. 188, inciso II, do CC, entende que não se considera ato ilícito o ato de destruir ou deteriorar coisa alheia para remover perigo iminente.

No entanto, a pessoa cuja coisa foi destruída ou deteriorada não tiver culpa no perigo causado terá direito uma indenização pelos prejuízos sofridos.

Da mesma forma, se o perigo ocorrer por culpa de terceiro, o autor terá ação regressiva contra ele para haver a importância que tiver ressarcido ao lesado.

Essa mesma ação regressiva será possível também contra aquele em defesa de quem se causou o dano.

Outro tema interessante é a da responsabilidade dos empresários individuais e empresas. Eles respondem independentemente de culpa pelos danos causados pelos produtos postos em circulação.

Há também outras hipóteses de responsabilidade civil descritas no art. 932:

× Os pais são responsáveis pelos filhos menores que estiverem sob sua autoridade e em sua companhia;

× O tutor e o curador são responsáveis por seus pupilos e curatelados, que se acharem nas mesmas condições;

- O empregador ou comitente é responsável por seus empregados, serviçais e prepostos, no exercício do trabalho que lhes competir, ou em razão dele;
- Os donos de hotéis, hospedarias, casas ou estabelecimentos onde se albergue por dinheiro, mesmo para fins de educação, são responsáveis pelos seus hóspedes, moradores e educandos;
- Aquelas pessoas que gratuitamente participaram nos produtos do crime são responsáveis até a concorrente quantia.

Trata-se de verdadeira responsabilidade objetiva, uma vez que ainda que não haja culpa por partes das pessoas mencionadas, elas responderão pelos atos praticados pelos terceiros ali referidos.

A responsabilidade entre essas pessoas é também solidária.

A pessoa que ressarcir o dano causado por outrem tem o direito de regresso contra o terceiro causador do dano.

No entanto, há a ressalva quanto ao causador do dano caso ele seja descendente, absoluta ou relativamente incapaz, daquele que indenizou a vítima. Nesse caso não haverá direito de regresso.

Responsabilidade civil e criminal: elas são independentes, de modo que caso as questões se acharem decididas no juízo criminal, o mesmo fato ou a autoria do dano não mais poderá ser questionada no âmbito civil.

Danos causados por animais: o dono do animal terá o dever de ressarcir o dano por este causado, exceto se conseguir provar a culpa da vítima ou força maior.

Responsabilidade do dono de edifício ou construção: ele responderá pelos danos que resultarem em ruína por conta da falta de reparos que era evidente, mas que nada foi feito.

Responsabilidade por habitante de prédio: o CC irá dizer que o habitante de prédio irá responder pelos danos provenientes das coisas que caírem ou foram lançadas em lugar indevido.

É o famoso exemplo da pessoa que mora em condomínio e deixa seu vaso de plantas na sacada, o qual vem a cair e atinge um transeunte que passava na rua.

O CC também trata da responsabilidade civil no tocante à cobrança de dívidas. Ele diz que o credor que demandar o devedor antes da dívida estar vencida vai ficar obrigado a esperar o tempo que faltava para o vencimento. Além disso vai ter que descontar os juros correspondentes e também pagar as custas em dobro.

Também a responsabilidade ao credor que demandar o devedor por uma dívida já paga. desse modo ele ficará obrigado a pagar o devedor o dobro do que cobrou. se na cobrança o credor cobrou o valor a mais do que era devido ele será responsável a pagar o equivalente do que houver exigido.

Essas punições, no entanto, quais sejam de pagar em dobro poderão ser elidida caso o autor desista da ação antes de ser apresentada a contestação. Mesmo assim o CC assegura ao devedor o direito de pleitear uma indenização caso haja algum prejuízo, como por exemplo, ter sido seu nome negativado.

Para que seja reparado o dano causado, o CC estabelece que os bens do responsável pela ofensa ou violação garantiram essa reparação.

Caso a ofensa tenha mais de um autor, a responsabilidade será solidária, ou seja, o devedor poderá demandar qualquer um deles.

É a mesma ideia do art. 391, o qual diz que os bens do devedor respondem pelo descumprimento da obrigação.

Por fim, o direito de exigir reparação e a obrigação de prestá-la transmitem-se com a herança, isto é, caso alguém viole um direito e venha a falecer, essa responsabilidade será transmitida aos seus herdeiros, na proporção de seus quinhões.

DA INDENIZAÇÃO

A indenização mede-se pela extensão do dano, ou seja, o valor de indenização deve ser proporcional ao dano sofrido pela vítima, sob pena de se instalar uma injustiça. Exige-se, portanto, proporcionalidade e razoabilidade.

Caso haja excessiva desproporção entre a gravidade da culpa e o dano, o juiz pode o juiz reduzir a indenização equitativamente.

Paralelo a isso, se a vítima concorrer culposamente para o evento danoso, a sua indenização será fixada levando-se em conta a gravidade de sua culpa em confronto com a do autor do dano.

Se a obrigação for indeterminada, e não houver na lei ou no contrato disposição fixando a indenização devida pelo inadimplente, o valor das perdas e danos será apurado na forma que a lei processual determinar.

Na impossibilidade de o devedor cumprir a prestação na forma como ajustada, a exemplo de uma obrigação de fazer, haverá a sua conversão para moeda corrente.

Em se tratando de homicídio, a lei estabelece o valor de indenização, a qual consiste:

× no pagamento das despesas com o tratamento da vítima, seu funeral e o luto da família;

× na prestação de alimentos às pessoas a quem o morto os devia, levando-se em conta a duração provável da vida da vítima.

Essa indenização, por óbvio, não excluir outras reparações que porventura possam ser alegadas.

No caso de lesão ou outra ofensa à saúde, o ofensor indenizará o ofendido das despesas do tratamento e dos lucros cessantes até ao fim da convalescença, além de algum outro prejuízo que o ofendido prove haver sofrido.

Se a ofensa ao direito resultar em defeito que impossibilite o ofendido de exercer o seu ofício ou profissão, ou se diminuir a sua capacidade de trabalho, a indenização incluirá pensão correspondente à importância do trabalho para que se inabilitou, ou da depreciação que ele sofreu.

É também possível requerer o ressarcimento das despesas de tratamento médico, bem como lucros cessantes até o fim do tratamento.

A vítima, se preferir, em vez de requerer o pagamento na forma de pensão paga mensalmente, poderá exigir que a indenização seja arbitrada e paga de uma só vez.

+ EXERCÍCIOS DE FIXAÇÃO

01. Ano: 2023 Banca: FUMARC Órgão: AL-MG Prova: FUMARC - 2023 - AL-MG - Procurador No que se refere à responsabilidade civil, de acordo com o Código Civil Brasileiro de 2002, é CORRETO afirmar:

A) A indenização mede-se pela extensão do dano. Se houver excessiva desproporção entre a gravidade da culpa e o dano, poderá o juiz reduzir, equitativamente, a indenização.

B) Haverá obrigação de reparar o dano, dependendo da comprovação de culpa, nos casos especificados em lei, ou quando a atividade normalmente desenvolvida pelo autor do dano implicar, por sua natureza, risco para os direitos de outrem.

C) Os bens do responsável pela ofensa ou violação do direito de outrem ficam sujeitos à reparação do dano causado e, se a ofensa tiver mais de um autor, todos responderão subsidiariamente pela reparação.

D) Ressalvados outros casos previstos em lei especial, os empresários individuais e as empresas não respondem, independentemente de culpa, pelos danos causados pelos produtos postos em circulação.

02. Ano: 2022 Banca: FCC Órgão: TRT - 5ª Região (BA) Prova: FCC - 2022 - TRT - 5ª Região (BA) - Analista Judiciário - Área Judiciária

O tema da reparação civil é tratado em vários dispositivos do Código Civil, sendo que, especificamente nos termos do artigo 932 do mencionado diploma legal, são também responsáveis pela reparação civil:

I. O empregador ou comitente, por seus empregados, serviçais e prepostos, no exercício do trabalho que lhes competir, ou em razão dele.

II. Os pais pelos filhos, ainda que não residam no mesmo local ou não estiverem sob sua guarda e autoridade.

III. Os empresários, apenas se demonstrada a culpa pelos danos causados no exercício da atividade empresarial.

IV. O tutor e o curador, pelos pupilos e curatelados, que se acharem nas mesmas condições.

Está correto o que consta APENAS de

A) I e III.

B) II e IV.

C) II e III.

D) III e IV.

E) I e IV.

» GABARITO

01. Letra A.

02. Letra E.

DOS DIREITOS REAIS

DA POSSE E SUA CLASSIFICAÇÃO

O Código Civil vai dizer que é considerado possuidor todo aquele que tem de fato o exercício, pleno ou não, de algum dos poderes inerentes à propriedade.

A respeito do que é posse, duas teorias surgiram: a subjetiva e a objetiva.

Teoria subjetiva: é uma tese capitaneada por Savigny. Ele dizia que a posse é constituída de: *corpus* e *animus domini*.

Corpus: é o poder que se tem sobre a coisa, ou seja, é o poder de estar com a coisa, de tocá-la fisicamente.

Animus domini: é o ânimo de ser dono, isto é, a pessoa tem a coisa para si na intenção de ser o possuidor.

Teoria objetiva: defendida por Ihering, sustenta que para se dizer que há posse basta o elemento *corpus*, ou seja, o poder físico sobre a coisa, de modo que o *animus* é algo interno do indivíduo, o qual muitas vezes não é visível, pois implícito na conduta da pessoa que possui a coisa para si.

A posse direta, de pessoa que tem a coisa em seu poder, temporariamente, em virtude de direito pessoal, ou real, não anula a indireta, de quem aquela foi havida, podendo o possuidor direto defender a sua posse contra o indireto.

A posse direta é ter a coisa em seu poder, estar inserido na coisa. Já a posse indireta é a posse da pessoa que exerce algum direito de posse, mas não está ligado diretamente com a coisa. É o exemplo clássico do locador e locatário de bem imóvel. O locatário fica na posse direta do bem da residência, ao passo que o locador, por ser proprietário, não está ligado ao bem, não está em contato direto com ele, mas tem algum poder de ingerência sobre.

Detentor ou fâmulo da posse: Considera-se detentor aquele que, achando-se em relação de dependência para com outro, conserva a posse em nome deste e em cumprimento de ordens ou instruções suas.

O detentor, portanto, vai ser aquela pessoa que até tem poder físico sobre a coisa, mas não ostenta a intenção de ser dono, pois se acha numa relação de dependência para com outra pessoa.

Se duas ou mais pessoas possuírem coisa indivisa, poderá cada uma exercer sobre ela atos possessórios, contanto que não excluam os dos outros compossuidores. Assim, quando se tem um bem indivisível e sobre ela paira a posse de duas ou mais pessoas (composse), os atos de posse podem ser exercidos por todas elas.

É justa a posse que não for violenta, clandestina ou precária.

Posse violenta: é a posse obtida por força física ou moral. Exemplo disso é uma invasão, em que pessoas retiram os possuidores ameaçando-lhes com arma ou mesmo agredindo-os com armas brancas.

Posse clandestina: é a posse obtida mediante clandestinidade, às escondidas, quando ninguém vê, feita às espreitas.

Posse precária: é a posse obtida que se dá no abuso de confiança. Por exemplo: alguém toma algo emprestado e nunca devolve. Houve um abuso de confiança, de maneira que essa posse se torna precária.

Posse de boa-fé: é a posse cujo possuidor ignora o vício ou o obstáculo que impede a aquisição da coisa.

O possuidor com justo título tem por si a presunção de boa-fé, salvo prova em contrário, ou quando a lei expressamente não admite esta presunção.

A posse de boa-fé só perde este caráter no caso e desde o momento em que as circunstâncias façam presumir que o possuidor não ignora que possui indevidamente.

DA AQUISIÇÃO DA POSSE

A posse é adquirida desde o momento em que se torna possível o exercício, em nome próprio, de qualquer dos poderes inerentes à propriedade.

A posse pode ser adquirida:

I.	pela própria pessoa que a pretende ou por seu representante;

II.	por terceiro sem mandato, dependendo de ratificação.

A posse transmite-se aos herdeiros ou legatários do possuidor com os mesmos caracteres. O sucessor universal continua de direito a posse do seu antecessor; e ao sucessor singular é facultado unir sua posse à do antecessor, para os efeitos legais.

Não induzem posse os atos de mera permissão ou tolerância assim como não autorizam a sua aquisição os atos violentos, ou clandestinos, senão depois de cessar a violência ou a clandestinidade.

A posse do imóvel faz presumir, até prova contrária, a das coisas móveis que nele estiverem. Portanto, os bens que guarnecem a residência serão presumidos estar na posse daquele que está na posse do imóvel. Se a pessoa tem a posse de um imóvel, presume-se que o que está dentro também é dele.

DA PROPRIEDADE

A propriedade pode ser conceituada como o direito que o proprietário tem de usar, gozar e dispor da coisa, e o direito de reavê-la do poder de quem quer que injustamente a possua ou detenha. Essa é a disposição do art. 1.228 do CC.

Esse direito deve ser exercido em consonância com as suas finalidades econômicas e sociais e de modo que sejam preservados, de conformidade com o estabelecido em lei especial, a flora, a fauna, as belezas naturais, o equilíbrio ecológico e o patrimônio histórico e artístico, bem como evitada a poluição do ar e das águas.

Há ainda casos em que o proprietário pode ser privado da coisa, como nos casos de desapropriação, por necessidade ou utilidade pública ou interesse social, bem como no de requisição, em caso de perigo público iminente.

O proprietário também pode ser privado da coisa se o imóvel reivindicado consistir em extensa área, na posse ininterrupta e de boa-fé, por mais de cinco anos, de considerável número de pessoas, e estas nela houverem realizado, em conjunto ou separadamente, obras e serviços considerados pelo juiz de interesse social e econômico relevante. Neste caso, o juiz fixará a justa indenização devida ao proprietário. Pago o preço, valerá a sentença como título para o registro do imóvel em nome dos possuidores.

DA AQUISIÇÃO DA PROPRIEDADE IMÓVEL

DA USUCAPIÃO

Uma das formas mais conhecidas de aquisição de propriedade imóvel é pela usucapião, que se dá pela chamada prescrição aquisitiva, que nesse caso passa a ter um efeito positivo, uma vez que o decurso do tempo irá beneficiar aquele que se encontra na posse do imóvel.

USUCAPIÃO EXTRAORDINÁRIA (ART. 1.238):

Diz o art. 1.238 do CC que aquele que, por quinze anos, sem interrupção, nem oposição, possuir como seu um imóvel, adquire-lhe a propriedade, independentemente de título e boa-fé; podendo requerer ao juiz que assim o declare por sentença, a qual servirá de título para o registro no Cartório de Registro de Imóveis.

Essa é a chamada usucapião extraordinária, cujas características, conforme visto acima, são:

× Posse do imóvel por 15 anos, sem interrupção e nem oposição;
× Independe de título ou boa-fé

USUCAPIÃO EXTRAORDINÁRIA (POSSE-TRABALHO) (ART. 1.238, PARÁGRAFO ÚNICO):

Há também a usucapião extraordinária denominada posse-trabalho, que é mais benéfica do que a extraordinária, reduzindo-se o tempo de posse, pois a lei prestigia aquele que assume a posse de um bem imóvel para estabelecer moradia habitual ou realizar obras ou serviços de caráter produtivo.

Portanto, o prazo de 15 anos da usucapião extraordinária se reduz a dez anos se o possuidor houver estabelecido no imóvel a sua moradia habitual, ou nele realizado obras ou serviços de caráter produtivo.

USUCAPIÃO ESPECIAL RURAL (ART. 1.239):

Aquele que, não sendo proprietário de imóvel rural ou urbano, possua como sua, por cinco anos ininterruptos, sem oposição, área de terra em zona rural não superior a cinquenta hectares, tornando-a produtiva por seu trabalho ou de sua família, tendo nela sua moradia, adquirir-lhe-á a propriedade.

Requisitos:

* Não ser proprietário de imóvel rural ou urbano;
* Possuir imóvel como seu, por 5 anos ininterruptos, sem oposição;
* Área de terra em zona rural não superior a 50 hectares;
* Uso produtivo do bem;
* Uso para moradia

USUCAPIÃO ESPECIAL URBANA (ART. 1.240):

Aquele que possuir, como sua, área urbana de até duzentos e cinquenta metros quadrados, por cinco anos ininterruptamente e sem oposição, utilizando-a para sua moradia ou de sua família, adquirir-lhe-á o domínio, desde que não seja proprietário de outro imóvel urbano ou rural.

Requisitos:

* Possuir área urbana de até 250m²;
* 5 anos ininterruptos, sem oposição
* Utilização para moradia própria ou de sua família
* Não ser proprietário de outro imóvel urbano ou rural.

OBS: esse direito não será reconhecido ao mesmo possuidor mais de uma vez.

USUCAPIÃO FAMILIAR (ART. 1.240-A):

Aquele que exercer, por 2 (dois) anos ininterruptamente e sem oposição, posse direta, com exclusividade, sobre imóvel urbano de até 250m² (duzentos e cinquenta metros quadrados) cuja propriedade divida com ex-cônjuge ou ex-companheiro que abandonou o lar, utilizando-o para sua moradia ou de sua família, adquirir-lhe-á o domínio integral, desde que não seja proprietário de outro imóvel urbano ou rural.

Requisitos:

* 2 anos ininterruptos de posse, sem oposição, com exclusividade;
* Imóvel urbano de até 250m²;
* Propriedade dividida com ex-cônjuge ou ex-companheiro que abandonou do lar;
* Utilização para sua moradia ou de sua família;
* Não ser proprietário de outro imóvel urbano ou rural.

Da mesma forma como na usucapião anterior, esse direito não será reconhecido ao mesmo possuidor mais de uma vez.

USUCAPIÃO ORDINÁRIA (ART. 1.242):

Adquire também a propriedade do imóvel aquele que, contínua e incontestadamente, com justo título e boa-fé, o possuir por dez anos.

Requisitos:

× Posse de 10 anos;

× Posse contínua e incontestada;

× Justo título e boa-fé.

USUCAPIÃO ORDINÁRIA TABULAR (ART. 1.242, PARÁGRAFO ÚNICO):

Será de cinco anos o prazo se o imóvel houver sido adquirido, onerosamente, com base no registro constante do respectivo cartório, cancelada posteriormente, desde que os possuidores nele tiverem estabelecido a sua moradia, ou realizado investimentos de interesse social e econômico.

Requisitos:

× Prazo de 10 anos cai para 5 anos;

× Imóvel adquirido onerosamente, com registro cancelado posteriormente;

× Posse para moradia ou investimento de interesse social e econômico.

Trata-se, portanto, do caso em que a pessoa adquiriu um imóvel, mas o registro desse bem foi cancelado em momento posterior. Ainda assim, a pessoa exerceu posse sobre imóvel. Por essa razão, mesmo não tendo a oportunidade de efetuar o registro de seu nome na matrícula do imóvel, a lei lhe assegura a aquisição da propriedade pela usucapião.

...

Nas usucapiões em geral, é permitido que o possuidor possa, para o fim de contar o tempo exigido pelos artigos antecedentes, acrescentar à sua posse a dos seus antecessores, mas desde que todas sejam contínuas, pacíficas. E no caso da usucapião ordinária (art. 1.242), exige-se que as posses anteriores tenham justo título e de boa-fé.

Por se tratar a usucapião uma forma de prescrição aquisitiva, estende-se ao possuidor o disposto quanto ao devedor acerca das causas que obstam, suspendem ou interrompem a prescrição, as quais se aplicam à usucapião.

+ EXERCÍCIOS DE FIXAÇÃO

01. Ano: 2023 Banca: FUMARC Órgão: AL-MG Prova: FUMARC - 2023 - AL-MG - Procurador Relativamente à posse, é INCORRETO afirmar que o Código Civil vigente:

A) considera detentor aquele que, achando-se em relação de independência para com outro, conserva a posse em nome deste.

B) determina que, se duas ou mais pessoas possuírem coisa indivisa, poderá cada uma exercer sobre ela atos possessórios, contanto que não excluam os dos outros compossuidores.

C) estabelece que a posse é adquirida desde o momento em que se torna possível o exercício, em nome próprio, de qualquer dos poderes inerentes à propriedade.

D) prevê que o possuidor tem direito a ser mantido na posse em caso de turbação, restituído no de esbulho, e segurado de violência iminente, se tiver justo receio de ser molestado.

02. Ano: 2023 Banca: CESPE / CEBRASPE Órgão: MPE-PA Prova: CESPE / CEBRASPE - 2023 - MPE-PA - Promotor de Justiça Substituto

Posse justa é aquela

A) em que o possuidor ignora o vício impeditivo da aquisição.

B) na qual o possuidor também é o proprietário.

C) que não é violenta, clandestina ou precária.

D) cultivada pelo possuidor para a subsistência da família.

E) em que o possuidor reside com a sua família.

» GABARITO

01. Letra A.

02. Letra C.

DO DIREITO DE FAMÍLIA

DO CASAMENTO

O casamento é considerado um contrato, o qual cria um vínculo conjugal, sendo um ato solene e dissolúvel (atualmente pelo divórcio).

É um instituto que pode ser realizado tanto na forma civil, como na forma religiosa.

Capacidade para casar: a lei vai dizer que a idade mínima para casar é 16 anos. Tendo essa idade, contudo, precisará da autorização dos pais.

Até 2019, era também possível o casamento de menor de 16 anos, mas tão-somente em caso de gravidez. Contudo, com a Lei 13.811/2019, que alterou o art. 1.520, essa regra deixou de existir.

Diz a nova redação do artigo:

"Art. 1.520. Não será permitido, em qualquer caso, o casamento de quem não atingiu a idade núbil, observado o disposto no art. 1.517 deste Código."

Entendeu-se que o casamento infantil não era saudável para a criança, principalmente para a sua colocação no mercado de trabalho, razão pela qual foi editada e sancionada a lei mencionada.

O casamento tem como finalidade estabelecer comunhão plena de vida, com base na igualdade de direitos e deveres dos cônjuges.

O casamento civil não tem custo, sendo gratuita a sua celebração.

Para as pessoas declaradamente pobres, a habilitação para o casamento, o registro e a primeira certidão estão isentos de custas.

O casamento é realizado no momento em que o homem e a mulher manifestam, perante o juiz, a sua vontade de estabelecer vínculo conjugal, e o juiz os declara casados. É o famoso "sim" dito ao juiz de paz.

O casamento religioso tem o mesmo efeito do casamento civil, desde que registrado no registro próprio, e produzirá efeitos a partir da data de sua celebração. Se submete ainda aos mesmos requisitos do casamento civil.

O registro civil do casamento religioso deve ser feito dentro de noventa dias de sua data de sua realização, por comunicação do celebrante ao ofício competente, ou por iniciativa de qualquer interessado, desde que haja sido homologada previamente a habilitação. Após o referido prazo, o registro dependerá de nova habilitação.

O casamento religioso que for celebrado sem as formalidades estabelecidas no CC também tem efeitos civis se, a requerimento do casal, for registrado, a qualquer tempo, no registro civil, mediante prévia habilitação perante a autoridade competente.

Será considerado nulo o registro civil do casamento religioso se uma das partes, antes de sua realização tiver contraído casamento civil com outra pessoa.

DA CAPACIDADE PARA O CASAMENTO

Como dito, o homem e a mulher com dezesseis anos podem casar. Exige-se autorização de ambos os pais, ou de seus representantes legais, enquanto não atingida a maioridade civil, que se dá aos 18 anos.

Se os pais divergirem dessa decisão de autorizar o casamento, a questão pode ser levada ao Judiciário para que o juiz resolva.

Essa autorização dos pais, no entanto, pode ser revogada até a celebração do casamento.

DOS IMPEDIMENTOS PARA O CASAMENTO

O art. 1.521 traz as pessoas que estão impedidas de casar-se. São eles:

Os ascendentes com os descendentes, seja o parentesco natural ou civil;
Os afins em linha reta;
O adotante com quem foi cônjuge do adotado e o adotado com quem o foi do adotante;
Os irmãos, unilaterais ou bilaterais, e demais colaterais, até o terceiro grau inclusive;
O adotado com o filho do adotante;
As pessoas casadas;
O cônjuge sobrevivente com o condenado por homicídio ou tentativa de homicídio contra o seu consorte.

Mesmo assim, embora havendo os impedimentos acima descritos, caso na prática algumas dessas pessoas estejam prestes a se casar, esse impedimento pode ser oposto até o momento da celebração do casamento, por qualquer pessoa capaz.

Se o impedimento for de conhecimento do juiz ou do oficial de registro, a declaração será obrigatória.

DAS CAUSAS SUSPENSIVAS

A diferença entre as causas impeditivas e suspensivas é que a primeira traz uma circunstância que, se verificada, irá resultar na anulação do casamento, ao passo que a segunda não gera anulação, mas mera irregularidade, por serem menos graves. O que a lei faz é trazer essas causas para evitar confusão patrimonial.

Sobre as causas suspensivas, portanto, o CC diz que não devem casar:

I. o viúvo ou a viúva que tiver filho do cônjuge falecido, enquanto não fizer inventário dos bens do casal e der partilha aos herdeiros;
II. a viúva, ou a mulher cujo casamento se desfez por ser nulo ou ter sido anulado, até dez meses depois do começo da viuvez, ou da dissolução da sociedade conjugal;
III. o divorciado, enquanto não houver sido homologada ou decidida a partilha dos bens do casal;
IV. o tutor ou o curador e os seus descendentes, ascendentes, irmãos, cunhados ou sobrinhos, com a pessoa tutelada ou curatelada, enquanto não cessar a tutela ou curatela, e não estiverem saldadas as respectivas contas.

Embora em algum caso possa haver causa suspensiva que pode ser alegada por terceiros, os nubentes podem solicitar ao juíza que elas não lhes sejam aplicadas caso provada a inexistência de prejuízo para o para o herdeiro, para o ex-cônjuge ou para a pessoa tutelada ou curatelada.

Art. 1.524. As causas suspensivas da celebração do casamento podem ser argüidas pelos parentes em linha reta de um dos nubentes, sejam consangüíneos ou afins, e pelos colaterais em segundo grau, sejam também consangüíneos ou afins.

DO PROCESSO DE HABILITAÇÃO PARA O CASAMENTO

O requerimento de habilitação para o casamento será firmado por ambos os nubentes. Eles podem fazer de próprio punho, ou por procurador. O pedido deve ser instruído com os seguintes documentos:

I. certidão de nascimento ou documento equivalente;

II. autorização por escrito das pessoas sob cuja dependência legal estiverem, ou ato judicial que a supra;

III. declaração de duas testemunhas maiores, parentes ou não, que atestem conhecê-los e afirmem não existir impedimento que os iniba de casar;

IV. declaração do estado civil, do domicílio e da residência atual dos contraentes e de seus pais, se forem conhecidos;

V. certidão de óbito do cônjuge falecido, de sentença declaratória de nulidade ou de anulação de casamento, transitada em julgado, ou do registro da sentença de divórcio.

A habilitação será feita pessoalmente perante o oficial do Registro Civil, com a audiência do Ministério Público.

É possível ainda que o oficial do Registro Civil, o Ministério Público ou terceiro apresente impugnação ao pedido de habilitação, quando então a questão será submetida ao juiz.

Com a documentação em ordem, o oficial extrai o edital e o afixa por quinze dias nas circunscrições do Registro Civil de ambos os nubentes. Ademais, é obrigatória a publicação na imprensa local, se houver.

Havendo urgência, a autoridade competente pode dispensar a publicação.

Constitui também um dever do oficial do registro de esclarecer para os nubentes os fatos que podem ocasionar a invalidade do casamento, bem como sobre os diversos regimes de bens.

Caso alguém queira alegar impedimento ou suspeição do casamento, deverá fazer essa oposição por declaração escrita e assinada, instruída com as provas do fato alegado, ou com a indicação do lugar onde possam ser obtidas.

Posteriormente, para preservar o direito de defesa e contraditório, o oficial do registro dá aos nubentes ou a seus representantes a nota da oposição, indicando os fundamentos, as provas e o nome de quem a ofereceu, para assim apresentar defesa e fazer prova contrária do alegado em prazo razoável.

Se o impedimento ou suspeição foi alegado de má-fé aos nubentes cabe o direito de promover as ações civis e criminais.

DA CELEBRAÇÃO DO CASAMENTO

O casamento será celebrado no dia, hora e lugar previamente designados pela autoridade que houver de presidir o ato, mediante petição dos contraentes, que se mostrem habilitados.

Essa solenidade se realiza na sede do cartório, a portas abertas e estando presentes duas testemunhas.

As testemunhas escolhidas pelos nubentes podem ser parentes ou não.

O casamento também pode ser realizado fora da sede do cartório, em edifício particular, respeitando-se a regra da publicidade e fazendo com o que o ato seja feito a portas abertas.

Nesse caso, como o casamento será celebrado em local particular, o número de testemunhas aumenta de duas para quatro.

Também se exige quatro testemunhas quando algum dos nubentes não souber ou não puder escrever.

Na celebração do casamento, presentes os contraentes, em pessoa ou por procurador especial, o presidente do ato irá ouvir dos nubentes a afirmação de que pretendem casar por livre e espontânea vontade.

Também declarará efetuado o casamento, nos seguintes termos:

"De acordo com a vontade que ambos acabais de afirmar perante mim, de vos receberdes por marido e mulher, eu, em nome da lei, vos declaro casados."

Há casos ainda que impõem a suspensão imediata da solenidade do casamento, que são:

× recusar a solene afirmação da sua vontade;

× declarar que esta não é livre e espontânea;

× manifestar-se arrependido.

Exemplo prático é do caso da noiva ou noivo que para fazer um gracejo durante a celebridade não responde o "SIM" com clareza, dizendo coisas como "talvez, sei lá". Esse é um tipo de conduta que imporá a suspensão imediata do casamento.

Mas e se nessa brincadeira a pessoa se arrepende imediatamente e pede desculpas? De nada adianta, uma vez que não será admitido aos nubentes se retratar no mesmo dia.

E se, por exemplo, um dos nubentes esteja doente gravemente, como fazer a celebração? Nesse caso, o presidente do ato celebra o casamento onde se encontrar o impedido, ainda que à noite.

Exige-se, para tanto, a presença de duas testemunhas que saibam ler e escrever.

A falta ou impedimento da autoridade competente para presidir o casamento será suprida por qualquer dos seus substitutos legais, e a do oficial do Registro Civil por outro *ad hoc*, nomeado pelo presidente do ato.

Ad hoc significa que o oficial será substituído para aquele ato específico, diante de sua falta ou impedimento.

CASAMENTO NUNCUPATIVO

O CC também prevê o casamento de quem está em risco iminente de vida, quando a autoridade não estiver presente para a celebração.

Nesse caso, excepcionalmente, permite-se a celebração sem autoridade, desde que feita na presença de seis testemunhas.

Essas testemunhas, para que o ato seja válido, não podem ter parentesco com os nubentes em linha reta ou colateral até o segundo grau.

Art. 1.541.

Depois de o casamento ter sido realizado, essas testemunhas devem comparecer perante a autoridade judicial mais próxima, no prazo de 10 dias, para que seja reduzida a termo a declaração de que foram convocados pelo enfermo para testemunharem o casamento, que o(a) nubente parecia em perigo de vida, mas dentro de seu juízo, bem como declarar os contraentes, livre e espontaneamente, como marido e mulher.

Autuado o pedido e tomadas as declarações, o juiz então procederá às diligências necessárias para verificar se os contraentes podiam ter-se habilitado, na forma ordinária, ouvidos os interessados que o requererem, dentro em quinze dias.

Após isso, verificada a idoneidade dos cônjuges para o casamento, o juiz decidirá se o ato foi válido, dando as partes o direito de recorrer, se necessário.

Se não houver recurso da decisão, ou se ela transitar em julgado, o juiz mandará registrá-la no livro do Registro dos Casamentos.

O assento assim lavrado retrotrairá os efeitos do casamento, quanto ao estado dos cônjuges, à data da celebração.

Caso o enfermo saia desta condição e convalesça, essas formalidades acima serão dispensadas, uma vez que terá condições de ratificar o casamento na presença da autoridade competente e do oficial do registro.

Quanto aos casamentos em geral, a lei permite também que o casamento seja celebrado mediante procuração, por instrumento público, com poderes especiais.

DAS PROVAS DO CASAMENTO

A forma geral de se provar o casamento celebrado no Brasil é pela certidão do registro.

No entanto, caso justificada a falta ou perda do registro civil, admite-se qualquer outra espécie de prova.

Quando o brasileiro se casa no estrangeiro, perante as respectivas autoridades ou os cônsules brasileiros, esse ato deve ser registrado no Brasil em cento e oitenta dias, a contar da volta de um ou de ambos os cônjuges ao Brasil, no cartório do respectivo domicílio, ou, em sua falta, no 1 ºOfício da Capital do Estado em que passarem a residir.

O casamento de pessoas que, na posse do estado de casadas, não possam manifestar vontade, ou tenham falecido, não se pode contestar em prejuízo da prole comum, salvo mediante certidão do Registro Civil que prove que já era casada alguma delas, quando contraiu o casamento impugnado.

Quando a prova da celebração legal do casamento resultar de processo judicial, o registro da sentença no livro do Registro Civil produzirá, tanto no que toca aos cônjuges como no que respeita aos filhos, todos os efeitos civis desde a data do casamento.

Na dúvida entre a existência do casamento de acordo com as provas favoráveis e contrárias, aplica-se a regra do *in dubio pro matrimonio*, presumindo-se sua existência. Para tanto, é necessário que os cônjuges, cujo casamento se impugna, vivam ou tenham vivido na posse do estado de casados.

DA INVALIDADE DO CASAMENTO

O art. 1.548 enumera as causas que invalidam o casamento. Trata-se da teoria das nulidades, tendo em vista que o casamento, por ter natureza jurídica de contrato, é negócio jurídico.

Uma hipótese que não mais existe no ordenamento jurídico é a do casamento contraído pelo enfermo mental sem o necessário discernimento para os atos da vida civil. Como a Lei 13.146/15 retirou-lhe a condição de absolutamente incapaz, seu casamento pode ser celebrado normalmente, não havendo mais que se falar em nulidade.

Tanto é que foi incluído o § 2º no art. 1.548, para dizer que a pessoa com deficiência mental ou intelectual em idade núbia poderá contrair matrimônio, expressando sua vontade diretamente ou por meio de seu responsável ou curador

A hipótese vigente então é a do casamento por infringência de impedimento. Por exemplo, uma pessoa que é casada não pode se casar novamente. Caso aconteça, o segundo casamento será inválido. Ou então, o casamento de ascendente com descendente, na forma do art. 1.521, já estudado.

A decretação de nulidade de casamento, pelos motivos previstos no artigo antecedente, terá como legitimados para ação qualquer interessado e o Ministério Público.

O art. 1.550, por sua vez, traz as causas de anulabilidade do casamento. São causas que podem anular o casamento, mas que não necessariamente irá acontecer, pois são atos que possibilitam sua correção.

As hipóteses de anulabilidade são:

I. de quem não completou a idade mínima para casar;
II. do menor em idade núbil, quando não autorizado por seu representante legal;
III. por vício da vontade, nos termos dos arts. 1.556 a 1.558;
IV. do incapaz de consentir ou manifestar, de modo inequívoco, o consentimento;
V. realizado pelo mandatário, sem que ele ou o outro contraente soubesse da revogação do mandato, e não sobrevindo coabitação entre os cônjuges;
VI. por incompetência da autoridade celebrante.

Embora a Lei 13.811/2019 tenha proibido o casamento de grávida com idade inferior à idade núbil, caso o casamento, por algum motivo, se realize, esse fato não causará anulação da gravidez. O que a lei faz é focar na ideia de proteção da família e da dignidade da pessoa humana.

Ademais, a pessoa que se casa antes da idade núbil pode, depois de completá-la, confirmar seu casamento, com a autorização de seus representantes legais, se necessária, ou com suprimento judicial.

Outra hipótese de convalidação do casamento anulável é a do casamento celebrado por autoridade que não possuir a competência exigida na lei. Se ele exercer publicamente as funções de juiz de casamentos e tiver registrado o ato no Registro Civil, o casamento subsiste. É mais uma vez o Código em prol da proteção da família.

Anulação de casamento por erro: O casamento pode ser anulado por vício da vontade, se houve por parte de um dos nubentes, ao consentir, erro essencial quanto à pessoa do outro.

Mas o que se entende por erro? O próprio Código apresenta as hipóteses. Ele diz que se considera erro essencial sobre a pessoa do outro cônjuge:

I. o que diz respeito à sua identidade, sua honra e boa fama, sendo esse erro tal que o seu conhecimento ulterior torne insuportável a vida em comum ao cônjuge enganado;

II. a ignorância de crime, anterior ao casamento, que, por sua natureza, torne insuportável a vida conjugal;

III. a ignorância, anterior ao casamento, de defeito físico irremediável que não caracterize deficiência ou de moléstia grave e transmissível, por contágio ou por herança, capaz de pôr em risco a saúde do outro cônjuge ou de sua descendência.

Vamos tomar como exemplo o inciso II acima. Suponhamos que o homem, antes do casamento, veio a praticar um homicídio doloso, foi condenado por isso e agora responde em liberdade. Após o casamento, a mulher toma conhecimento desse crime, confessado por ele mesmo, e o casamento passa a ser insuportável. Essa, portanto, vai ser uma causa que permitirá a anulação do casamento por erro.

Anulação do casamento por coação: o casamento é anulável por conta de coação, quando o consentimento de um ou de ambos os cônjuges houver sido captado mediante fundado temor de mal considerável e iminente para a vida, a saúde e a honra, sua ou de seus familiares.

Nos casos do casamento por erro ou coação, o único legitimado para requerer a anulação é o próprio cônjuge que se saiu vítima, não cabendo a legitimidade ao Ministério Público.

Ressalva a isso é se, mesmo havendo o erro e coação, as partes continuaram coabitando, razão pela qual o ato será tido por válido.

Prazos para requerer a anulação.

A lei estabelece quatro tipos de prazos, e todos são contados da celebração do casamento:

× 180 dias: do casamento do incapaz de consentir ou manifestar, de modo inequívoco, o consentimento
× 2 anos: se a autoridade celebrante for incompetente
× 3 anos: do casamento com erro essencial sobre a pessoa
× 4 anos: do casamento realizado por coação.

DA DISSOLUÇÃO DA SOCIEDADE E DO VÍNCULO CONJUGAL

Assim como qualquer outro contrato, a lei também prevê a extinção do casamento. Diferente de antigamente, o Brasil hoje adota a regra da dissolubilidade do casamento, elencando as suas hipóteses no art. 1.571.

Diz o artigo:

Art. 1.571. A sociedade conjugal termina:

I. pela morte de um dos cônjuges;

II. pela nulidade ou anulação do casamento;

III. pela separação judicial;

IV. pelo divórcio.

Divórcio e a utilização do nome de casada: a lei também vai dizer que quando o casamento é dissolvido, permanece a possibilidade de o cônjuge continuar usando o nome de casado. Prestigia-se, assim, a manutenção do nome, até para proteção de terceiros, como por exemplo, credores que conhecem a pessoa pelo nome de casada.

Porém, sendo um direito, pode também as partes dele abrirem mão e voltar a usar o nome de solteiro, fato este que será anotado no registro competente.

Vale lembrar ainda que o divórcio é um direito potestativo, ou seja, um direito que pode ser exercido sem que a outra parte o conteste. Portanto, o cônjuge que deseja o divórcio e assim o faz sabe que terá seu casamento extinto, mesmo se o outro cônjuge não concordar com o pedido.

Outro ponto é que após a EC 66/2010, o divórcio pode ser direto, sem necessidade do procedimento de separação judicial previsto no Código Civil. Basicamente é o que dizem: as pessoas atualmente podem se casar de manhã e divorciarem à tarde.

É plenamente possível também que o divórcio seja concedido sem que haja a prévia partilha de bens. No mesmo sentido já diz a Súmula 197 do STJ. E a razão de ser disso é que muitas vezes o casal amealhou inúmeros bens durante a constância da sociedade conjugal e que demandam certa burocracia para uma partilha justa. Seria injusto que todos os bens fossem detalhadamente partilhados, com as respectivas divisões registradas no registro competente, para que só depois houvesse o divórcio entre as partes.

DO REGIME DE BENS ENTRE OS CÔNJUGES

Regime de bens é o sistema adotado no casamento que irá regulamentar a divisão dos bens adquiridos pelo casal.

A depender do regime adotado, os bens que o casal adquiriu deverá ser partilhado entre os dois, como também há casos específicos em que determinados bens, embora adquiridos durante a constância do casamento, não serão objetos de partilha.

A escolha de regime de bens é algo que pertence ao casal. A lei dá liberdade para escolher qualquer bem que lhe seja conveniente, salvo algumas exceções, em que a própria lei estabelece o regime, como é o caso, por exemplo, da pessoa que se casa com mais de 70 anos de idade.

Portanto, é lícito aos nubentes, antes de celebrado o casamento, estipular, quanto aos seus bens, o que lhes aprouver, o qual começará a vigorar a partir do casamento.

E se o casal se arrepender daquele regime de bens adotado? O CC permite a alteração, mediante autorização judicial em pedido motivado de ambos os cônjuges, apurada a procedência das razões invocadas e ressalvados os direitos de terceiros.

Portanto, a alteração do regime deve seguir os seguintes requisitos:

× Autorização judicial;
× Pedido motivado dos cônjuges
× Procedência das razões de alteração; e
× Ressalvar os direitos de terceiros.

O CC atual traz como regime geral a comunhão parcial de bens. Caso o casal queira escolher outro regime antes do casamento, deverão fazer pacto antenupcial por escritura pública.

IMPOSSIBILIDADE DE ESCOLHA DE REGIME DE BENS

Como dito, há casos em que a lei tira essa autonomia de escolha do regime de bens com o intuito de proteger a pessoa do nubente.

O art. 1.641 enumera casos em que o casamento se dará pelo regime legal ou obrigatória da separação de bens, segundo o qual não há comunicação de bens, anterior ou posterior ao casamento, de modo que os bens permanecem sob administração exclusiva de cada cônjuge, que poderá livremente aliená-los ou gravá-los de ônus real.

Art. 1.641. É obrigatório o regime da separação de bens no casamento:

I. das pessoas que o contraírem com inobservância das causas suspensivas da celebração do casamento;
II. da pessoa maior de 70 (setenta) anos;
III. de todos os que dependerem, para casar, de suprimento judicial.

Por exemplo, vamos supor que um casal se divorcia e decide por não fazer a partilha de bens da comunhão, uma vez que querem evitar mais atritos. Após 3 anos do divórcio, a mulher se casa novamente com outra pessoa, sem realizar a partilha. Nesse caso, o art. 1.523 traz uma causa suspensiva, estabelecendo que não devem casar o divorciado, enquanto não houver sido homologada ou decidida a partilha dos bens do casal.

Assim, nesse novo casamento, o regime de bens será o da separação legal ou obrigatória, com base no inciso I acima.

A respeito das pessoas que se casam com inobservância das causas suspensivas da celebração do casamento, bem como aqueles que dependem de suprimento judicial para casar, uma vez superada a causa que impôs o regime da separação legal ou obrigatória, é possível sua alteração. É o que diz o Enunciado 262 da III Jornada de Direito Civil: "A obrigatoriedade da separação de bens nas hipóteses previstas nos incs. I e III do art. 1.641 do Código Civil não impede a alteração do regime, desde que superada a causa que o impôs."

DESNECESSIDADE DE AUTORIZAÇÃO DO CÔNJUGE PARA A PRÁTICA DE ATOS

Há ainda algumas regras de que os cônjuges serão livres para praticar certos atos sem a autorização do outro.

São os casos, por exemplo, mencionados no art. 1.643 do CC. Por esse dispositivo, poderão os cônjuges comprar, ainda a crédito, as coisas necessárias à economia doméstica e obter, por empréstimo, as quantias que a aquisição dessas coisas possa exigir.

+ EXERCÍCIOS DE FIXAÇÃO

01. Ano: 2022 Banca: FGV Órgão: Senado Federal Prova: FGV - 2022 - Senado Federal - Consultor Legislativo - Direito Civil, Processual Civil e Agrário

Após um desgastante divórcio, o ex-casal Rita e Joaquim optam por não partilhar os bens da comunhão, de forma a evitar novos dissabores.

Passados 5 (cinco) anos do divórcio, Rita contrai matrimônio com João, sem que tenha sido eleito regime de bens e apresentada oposição por terceiros. Acerca do novo casamento, é correto afirmar que

A) é nulo, ante a ausência de partilha da comunhão anterior.

B) é anulável, ante a ausência de partilha da comunhão anterior.

C) é válido e o regime de bens será o da comunhão parcial.

D) é anulável, ante a ausência de concordância do cônjuge anterior.

E) é válido e o regime de bens será o da separação obrigatória.

02. Ano: 2018 Banca: IESES Órgão: TJ-CE Prova: IESES - 2018 - TJ-CE - Titular de Serviços de Notas e de Registros - Remoção

Podem os cônjuges, independentemente de autorização um do outro:

I. Comprar, ainda a crédito, as coisas necessárias à economia doméstica.

II. Prestar fiança ou aval.

III. Obter, por empréstimo, as quantias que a aquisição de coisas necessárias à economia doméstica, possam exigir.

IV. Alienar ou gravar de ônus real os bens imóveis.

A sequência correta é:

A) Apenas a assertiva IV está incorreta.
B) As assertivas I, II, III e IV estão corretas.
C) Apenas as assertivas I e III estão corretas.
D) Apenas as assertivas I, II e IV estão corretas.

» GABARITO

01. Letra E   **02.** letra C.

DO PACTO ANTENUPCIAL

O pacto antenupcial é um ato formal e solene, porque sua realização deve se dar por escritura pública, sob pena de nulidade. As partes, portanto, devem procurar um tabelionato de notas para a lavratura do pacto, o qual estabelecerá o regime de bens escolhido pelos nubentes.

Portanto, é nulo o pacto antenupcial se não for feito por escritura pública, e ineficaz se não lhe seguir o casamento.

Quando o pacto antenupcial é realizado por menor de idade, sua fica condicionada à aprovação de seu representante legal, salvo as hipóteses de regime obrigatório de separação de bens.

Caso alguma cláusula do pacto antenupcial contravenha disposição absoluta de lei, será ela considerada nula.

As convenções antenupciais não terão efeito perante terceiros senão depois de registradas, em livro especial, pelo oficial do Registro de Imóveis do domicílio dos cônjuges.

Por fim, se o pacto antenupcial seja nulo, o casamento passará a adotar o regime da comunhão parcial de bens, regime este considerado geral para o casamento.

+ EXERCÍCIOS DE FIXAÇÃO

01. Ano: 2006 Banca: MPE-SP Órgão: MPE-SP Prova: MPE-SP - 2006 - MPE-SP - Promotor de Justiça

Os noivos, antes do casamento, realizam pacto antenupcial sobre o regime de bens. Mais tarde, o pacto antenupcial é declarado nulo por defeito de forma. Neste caso:

A) vigorará o regime obrigatório de separação de bens.

B) vigorará o regime da comunhão parcial de bens.

C) deverá ser realizado novo pacto antenupcial.

D) vigorará o regime da comunhão universal de bens.

E) o casamento também será nulo.

01. Ano: 2015 Banca: FCC Órgão: SEFAZ-PI Prova: FCC - 2015 - SEFAZ-PI - Analista do Tesouro Estadual - Conhecimentos Gerais

O pacto antenupcial

A) quando realizado por menor, tem a eficácia sempre condicionada à aprovação de seu representante legal.

B) é ineficaz se não lhe seguir o casamento.

C) terá efeito perante terceiros a partir de sua elaboração, desde que constante de escritura pública.

D) é anulável se não realizado por escritura pública.

E) pode ser realizado por instrumento particular, desde que contenha os mesmos requisitos do testamento particular.

» GABARITO

01. Letra B.

02. Letra B.

DO REGIME DE COMUNHÃO PARCIAL

No regime de comunhão parcial, a regra é que comunicam-se os bens que sobrevierem ao casal, na constância do casamento.

No entanto, a própria lei traz suas exceções, ocasião em que os bens não irão se comunicar entre o casal.

As exceções vêm estabelecidas no art. 1.659 do CC:

Art. 1.659. Excluem-se da comunhão:

172 DIREITO CIVIL

I. os bens que cada cônjuge possuir ao casar, e os que lhe sobrevierem, na constância do casamento, por doação ou sucessão, e os sub-rogados em seu lugar;

II. os bens adquiridos com valores exclusivamente pertencentes a um dos cônjuges em sub-rogação dos bens particulares;

III. as obrigações anteriores ao casamento;

IV. as obrigações provenientes de atos ilícitos, salvo reversão em proveito do casal;

V. os bens de uso pessoal, os livros e instrumentos de profissão;

VI. os proventos do trabalho pessoal de cada cônjuge;

VII. as pensões, meios-soldos, montepios e outras rendas semelhantes.

Exemplos:

a. O inciso I diz que os bens que sobrevierem ao casal durante a constância do casamento por doação ou sucessão não serão partilhados. Então, suponha que João é casado com Maria e o pai de João faleceu, deixando-lhe um imóvel de herança. Feito o inventário, o imóvel deixado de herança é finalmente transmitido a João, cujo nome passa a constar na matrícula do imóvel. Esse imóvel, embora adquirido na constância, por ser um bem advindo da sucessão, não será partilhado com Maria.

b. O inciso II diz que não se comunicam os bens adquiridos com valores exclusivamente pertencentes a um dos cônjuges em sub-rogação dos bens particulares. Suponha que João, antes de se casar, era proprietário de um apartamento avaliado em R$ 200 mil. Ele se casa com Maria e na constância do casamento, vende esse apartamento pelo valor avaliado e compra outro apartamento no exato valor de R$ 200 mil. Esse novo imóvel adquirido se deu na constância do casamento, mas não entrará na partilha do casamento.

Por outro lado, o art. 1.660 do CC estabelece os bens que entrarão na comunhão do casamento. São eles:

Art. 1.660. Entram na comunhão:

I. os bens adquiridos na constância do casamento por título oneroso, ainda que só em nome de um dos cônjuges;

II. os bens adquiridos por fato eventual, com ou sem o concurso de trabalho ou despesa anterior;

III. os bens adquiridos por doação, herança ou legado, em favor de ambos os cônjuges;

IV. as benfeitorias em bens particulares de cada cônjuge;

V. os frutos dos bens comuns, ou dos particulares de cada cônjuge, percebidos na constância do casamento, ou pendentes ao tempo de cessar a comunhão.

Usando o mesmo exemplo do artigo anterior, suponha que João venda seu imóvel adquirido antes do casamento por R$ 200 mil e compre um novo imóvel, agora durante o casamento, por R$ 250 mil. A proporção de R$ 200 não entrará na partilha, mas os R$ 50 mil restantes sim, pois seria um bem adquirido a título oneroso.

Quanto a bens móveis, a exemplo dos bens que guarnecem a residência do casal, a lei presume que foram adquiridos na constância do casamento, quando não se provar que o foram em data anterior.

Portanto, no momento de se partilhar os bens móveis, a parte interessada deverá comprovar que o bem foi adquirido anteriormente ao casamento. Caso contrário, a lei presume que deve haver partilha.

DO REGIME DE COMUNHÃO UNIVERSAL

O regime de comunhão universal vai importar na comunicação de todos os bens presentes e futuros dos cônjuges e suas dívidas passivas. Significa, portanto, que até os bens anteriores ao casamento serão partilhados entre o casal.

Assim, diferente do regime da comunhão parcial, se um dos cônjuges, durante o casamento, receber um bem de herança ou doação, este bem será comunicável entre eles.

Contudo, mesmo sendo um regime onde há uma comunicação ampla de bens, existem as exceções que importarão na não comunicação dos bens.

Art. 1.668. São excluídos da comunhão:

I. os bens doados ou herdados com a cláusula de incomunicabilidade e os sub-rogados em seu lugar;

II. os bens gravados de fideicomisso e o direito do herdeiro fideicomissário, antes de realizada a condição suspensiva;

III. as dívidas anteriores ao casamento, salvo se provierem de despesas com seus aprestos, ou reverterem em proveito comum;

IV. as doações antenupciais feitas por um dos cônjuges ao outro com a cláusula de incomunicabilidade;

V. Os bens referidos nos incisos V a VII do art. 1.659.

Exemplo do inciso I: o bem doado ou herdado durante o casamento, no regime da comunhão universal, importará em divisão com o outro cônjuge. Ocorre que se esse bem for doado ou herdado com cláusula de incomunicabilidade, essa comunhão não acontece.

Todavia, há que se ressaltar que essa incomunicabilidade dos bens citadas acima não se estende aos frutos, quando se percebam ou vençam durante o casamento.

Pode-se entender como frutos de um imóvel, por exemplo, os alugueis que dele provém. Mesmo sendo o bem incomunicável, os alugueis serão considerados frutos e, portanto, comunicáveis.

Por fim, quando extinta a comunhão, e efetuada a divisão do ativo e do passivo, cessa a responsabilidade de cada um dos cônjuges para com os credores do outro.

DO REGIME DE SEPARAÇÃO DE BENS

No regime da separação os bens permanecem sob a administração exclusiva de cada um dos cônjuges, os quais poderão livremente alie-ná-los ou gravá-los de ônus real.

DA UNIÃO ESTÁVEL

A importância da união estável no direito brasileiro começa pela Constituição Federal. Diz o art. 226, § 3º:

Art. 226.

§ 3º Para efeito da proteção do Estado, é reconhecida a união estável entre o homem e a mulher como entidade familiar, devendo a lei faci-litar sua conversão em casamento.

Assim como a CF, o CC também reconhece a união estável como entidade familiar entre o homem e a mulher, configurada na convi-vência pública, contínua e duradoura e estabelecida com o objetivo de constituição de família.

Portanto, os requisitos para a configuração da união estável são:

× Convivência pública, contínua e duradoura; e

× Com o objetivo de constituir família.

Outro ponto é que, assim como ocorre no casamento, os impedimen-tos do art. 1.523 do CC impedem que a união estável seja reconhecida.

Lembremos o art. 1.523: ele traz algumas nulidades do casamento, como por exemplo, o casamento de ascendente com descendente; o casamento entre irmãos, unilaterais ou bilaterais etc. Assim, tais im-pedimentos também impedirão que a união estável seja um instituto válido caso existente uma das hipóteses de impedimento.

Exceção ocorre quanto ao inciso VI do art. 1.523, o qual diz que não podem casar as pessoas já casadas. Se os cônjuges casados encontrarem-se separados de fato ou judicialmente, e um dos cônjuges passar a ter uma convivência pública, contínua e duradoura, essa união estável poderá ser reconhecida.

Outro detalhe é que as causas suspensivas do art. 1.523 também não impedem a caracterização da união estável. O mesmo tratamento que se dá ao casamento, sendo uma hipótese de anulabilidade, também é dado à união estável.

Por exemplo, uma pessoa que se divorciou sem proceder à partilha dos bens poderá ter reconhecida a união estável.

Na união estável, será aplicado à relações patrimoniais, em regra, o regime da comunhão parcial de bens. Essa é a mesma ideia do casamento. Se os cônjuges não optarem por um regime em pacto antenupcial, o regime será o da comunhão parcial. Na união estável acontece a mesma coisa.

Se os companheiros quiserem alterar o regime de bens para outro diverso, deverão fazer contrato escrito.

A CF diz e o CC reconheceu ainda que a união estável pode se converter em casamento, mediante pedido dos companheiros ao juiz e assento no Registro Civil.

OBS: o STF, na ADI 4277/DF, de relatoria do ex-ministro Ayres Britto, reconheceu a união estável homoafetiva, no ano de 2011.

Pergunta: para a caracterização da união estável, é necessário que as partes coabitem sob o mesmo teto?

Não! Sobre isso, o STF editou a Súmula 382: A vida em comum sob o mesmo teto, *more uxorio*, não é indispensável à caracterização do concubinato.

Em caso de término da relação da união estável, à qual se dá o nome de dissolução de união estável, será competente para a ação judicial a vara da família.

+ EXERCÍCIOS DE FIXAÇÃO

01. Ano: 2022 Banca: FCC Órgão: TRT - 14ª Região (RO e AC) Prova: FCC - 2022 - TRT - 14ª Região (RO e AC) - Analista Judiciário - Área Judiciária

De acordo com o Código Civil, é lícito aos nubentes, antes de celebrado o casamento, estipular, quanto aos seus bens, o que lhes aprouver.

Segundo esse mesmo diploma, é necessária a celebração de pacto antenupcial para a adoção

A) dos regimes da comunhão universal de bens e da separação de bens, quando não obrigatória, sendo dispensável para a adoção dos regimes da comunhão parcial de bens e da participação final nos aquestos.

B) de quaisquer dos regimes de bens previstos no Código Civil.

C) dos regimes da comunhão parcial ou universal de bens, bem como do regime da participação final nos aquestos, sendo dispensável para a adoção do regime da separação de bens, mesmo quando não for obrigatória.

D) dos regimes da comunhão parcial de bens, da participação final nos aquestos e da separação de bens, quando não obrigatória, sendo dispensável para a adoção do regime da comunhão universal de bens.

E) dos regimes da comunhão universal de bens, da participação final nos aquestos e da separação de bens, quando não obrigatória, sendo dispensável para a adoção do regime da comunhão parcial de bens.

02. Ano: 2022 Banca: INSTITUTO AOCP Órgão: MPE-MS Prova: INSTITUTO AOCP - 2022 - MPE-MS - Promotor de Justiça Substituto

Assinale a alternativa correta.

A) É possível a alteração do regime de separação obrigatória de bens quando a causa que o impôs deixar de existir.

B) O divorciado, enquanto não houver sido homologada ou decidida a partilha dos bens do casal, encontra-se impedido de casar.

C) As causas suspensivas da celebração do casamento podem ser arguidas pelo representante do Ministério Público.

D) É desnecessário que os requerimentos de habilitação de casamento sejam submetidos à análise do Ministério Público quando os nubentes forem maiores e capazes.

E) As causas suspensivas do casamento impedem a caracterização da união estável.

» GABARITO

01. Letra E.

02. Letra A.

DO DIREITO DAS SUCESSÕES

Foi estudado no começo dessa obra que a existência da pessoa natural termina com a morte. Portanto, ocorrendo o fato morte, abre-se a sucessão, ocasião em que haverá a transferência da titularidade do patrimônio deixado pelo falecido. O procedimento para que seja feita a partilha correta desses bens é pela ação de inventário ou arrolamento, as quais estão regulamentadas no Código de Processo Civil.

Assim, aberta a sucessão (morte), a herança transmite-se, desde logo, aos herdeiros legítimos e testamentários. Essa é a regra denominada *droit de saisine*.

A sucessão é aberta no lugar do último domicílio do falecido. Essa regra terá relevância para saber onde será aberto o procedimento do inventário.

A sucessão dá-se por lei ou por disposição de última vontade. Esta última se dá pelo procedimento do testamento, no qual a pessoa (testador) manifesta sua vontade em deixar seu patrimônio ou parte deles para determinadas pessoas.

As regras que irão regular a sucessão e a legitimação para suceder será a lei vigente ao tempo da abertura daquela. Isso significa, portanto, que se uma pessoa faleceu em 1990, por exemplo, sua sucessão será regulamentada ainda pelo Código Civil de 1916, e não pelo Código Civil de 2002.

Mas e se o inventário foi aberto, por exemplo, apenas em 2005? Mesmo assim aplica-se o CC/1916, porque o que vale é a lei vigente no tempo da sucessão, e não no tempo da abertura do inventário.

Quando a pessoa morre sem testamento, a herança é transmitida aos herdeiros legítimos; o mesmo ocorrerá quanto aos bens que não forem compreendidos no testamento; se o testamento caducar, ou for julgado nulo, subsiste a sucessão legítima.

Havendo herdeiros necessários, o testador só poderá dispor da metade da herança. Os herdeiros necessários são os descendentes, os ascendentes e o cônjuge. Portanto, se uma pessoa pretende deixar bens em testamento, e os descendentes, ascendentes ou cônjuges ainda estiverem vivos, o testador só pode dispor no testamento de metade da sua herança, tendo em vista que a lei assegura metade aos herdeiros necessários.

Fazendo uma correlação do tema das sucessões com a união estável, o art. 1.790 do CC trazia regras específicas para a sucessão do companheiro em relação ao companheiro falecido. No entanto, esse artigo foi julgado inconstitucional pelo STF no RE 878.694, por entender que ele desequiparava os companheiros dos cônjuges para fins sucessórios. Entendeu-se, portanto, que as mesmas regras para a sucessão do cônjuge são aplicadas para a união estável, disposições estas que se encontram no art. 1.829 do CC.

DA ACEITAÇÃO E RENÚNCIA DA HERANÇA

Aceita a herança, sua transmissão ao herdeiro se torna definitiva, desde a abertura da sucessão. O mesmo não ocorre quando o herdeiro renuncia à herança, de modo que a transmissão tem-se por não verificada, ou seja, sem efeito.

A aceitação da herança, quando expressa, é feita por declaração escrita. Se for tácita, sua aceitação se dá por atos próprios da qualidade de herdeiro, isto é, o herdeiro tem um comportamento que demonstra a aceitação.

No entanto, tem alguns atos que a lei não considera como aceitação tácita de herança. Por exemplo, pagar o funeral do finado não é aceitação da herança. O CC diz, em geral, que os atos oficiosos, como os meramente conservatórios, ou os de administração e guarda provisória não são considerados aceitação da herança.

Caso o herdeiro queira renunciar à herança, essa renúncia deve constar expressamente de instrumento público ou termo judicial..

Pode ainda o interessado em que o herdeiro declare se aceita, ou não, a herança, requerer ao juiz, vinte dias após aberta a sucessão, para que o herdeiro se pronuncie, sob pena de se haver a herança por aceita.

Se o herdeiro falecer antes de declarar se aceita a herança, o poder de aceitar passa-lhe aos herdeiros, a menos que se trate de vocação adstrita a uma condição suspensiva, ainda não verificada. Consigne-se ainda que são irrevogáveis os atos de aceitação ou de renúncia da herança.

É ainda possível que o herdeiro possa agir de má-fé e renunciar à herança para fins de prejudicar credores. Acontecendo isso, poderão os credores, com autorização do juiz, aceitar a herança em nome do renunciante.

HERANÇA JACENTE

Quando alguém falece sem deixar testamento nem herdeiro legítimo notoriamente conhecido, os bens da herança, depois de arrecadados, ficam sob a guarda e administração de um curador, até a sua entrega ao sucessor devidamente habilitado ou à declaração de sua vacância.

Praticadas as diligências de arrecadação e ultimado o inventário, serão expedidos editais na forma da lei processual, e, decorrido um ano de sua primeira publicação, sem que haja herdeiro habilitado, ou penda habilitação, será a herança declarada vacante.

É assegurado aos credores o direito de pedir o pagamento das dívidas reconhecidas, nos limites das forças da herança.

A declaração de vacância da herança não prejudicará os herdeiros que legalmente se habilitarem. Porém, decorridos cinco anos da abertura da sucessão, os bens arrecadados passarão ao domínio do Município ou do Distrito Federal, se localizados nas respectivas circunscrições, incorporando-se ao domínio da União quando situados em território federal.

O procedimento de herança jacente, portanto, serve para os casos em que a pessoa falece sem deixar testamento e sem deixar herdeiros que possam entrar na administração dos bens.

DA PETIÇÃO DE HERANÇA

Petição de herança é uma ação pela qual o herdeiro pode demandar o reconhecimento de seu direito sucessório, para obter a restituição da herança, ou de parte dela, contra quem, na qualidade de herdeiro, ou mesmo sem título, a possua.

A ação de petição de herança, ainda que exercida por um só dos herdeiros, poderá compreender todos os bens hereditários. O possuidor da herança está obrigado à restituição dos bens do acervo, fixando a ele a responsabilidade segundo a sua posse. A partir da citação nesta ação, a responsabilidade do possuidor será aferida pelas regras concernentes à posse de má-fé e à mora.

O herdeiro pode demandar os bens da herança, mesmo em poder de terceiros, sem prejuízo da responsabilidade do possuidor originário pelo valor dos bens alienados. As alienações feitas, a título oneroso, pelo herdeiro aparente a terceiro de boa-fé são eficazes as alienações.

DA SUCESSÃO LEGÍTIMA

DA ORDEM DA VOCAÇÃO HEREDITÁRIA

Esse capítulo é tratado no CC a partir do art. 1.829, o qual estabelece as regras regula as pessoas que terão preferência na ordem de sucessão legítima, ou seja, na ordem de participação da herança.

O art. 1.829 traz essa ordem:

Art. 1.829. A sucessão legítima defere-se na ordem seguinte:

I. aos descendentes, em concorrência com o cônjuge sobrevivente, salvo se casado este com o falecido no regime da comunhão universal, ou no da separação obrigatória de bens (art. 1.640, parágrafo único); ou se, no regime da comunhão parcial, o autor da herança não houver deixado bens particulares;

II. aos ascendentes, em concorrência com o cônjuge;

III. ao cônjuge sobrevivente;

IV. aos colaterais.

Por exemplo, seguindo o inciso I temos o seguinte: um homem falece e deixa filhos, bem como sua esposa. A herança será dividida entre os filhos e a esposa, porque os descendentes (filhos) concorrem com a cônjuge sobrevivente.

No entanto, se os cônjuges eram casados no regime da comunhão universal ou no da separação obrigatória.

Agora se o casamento se deu pelo regime da comunhão parcial, a cônjuge irá herdar apenas nos bens particulares, ou seja, aqueles que falecido adquiriu antes do casamento e aqueles que não se comunicam (art. 1.659 do CC).

Somente é reconhecido direito sucessório ao cônjuge sobrevivente se, ao tempo da morte do outro, não estavam separados judicialmente, nem separados de fato há mais de dois anos, salvo prova, neste caso, de que essa convivência se tornara impossível sem culpa do sobrevivente.

Significa, portanto, que se os cônjuges se separaram de fato, ou seja, romperam de vez o vínculo conjugal, e assim se mantiverem por mais de 2 anos, o cônjuge sobrevivente não terá direito à herança. Caso essa separação de fato tenha menos de 2 anos, a participação do cônjuge será assegurada. Há ainda outra observação: se a separação de fato tem mais de 2 anos, o cônjuge sobrevivente, para participar da herança, pode provar que a convivência entre casal era impossível.

Direito real de habitação: Ao cônjuge sobrevivente, qualquer que seja o regime de bens, será assegurado, sem prejuízo da participação que lhe caiba na herança, o direito real de habitação relativamente ao imóvel destinado à residência da família, desde que seja o único daquela natureza a inventariar.

Esse direito assegura ao cônjuge sobrevivente residir no imóvel destinado à residência da família. Contudo, este imóvel deve ser o único desta natureza. Então, a lei atribui esse *plus*, porque além do direito real de habitação, sua participação na herança se manterá intacta.

Entre os descendentes, os em grau mais próximo excluem os mais remotos, salvo o direito de representação. Os descendentes da mesma classe têm os mesmos direitos à sucessão de seus ascendentes.

Em falta de descendentes e ascendentes, será deferida a sucessão por inteiro ao cônjuge sobrevivente.

Se não houver cônjuge sobrevivente serão chamados a suceder os colaterais até o quarto grau.

Não sobrevivendo cônjuge, ou companheiro, nem parente algum sucessível, ou havendo renúncia, a herança se devolve ao Município ou ao Distrito Federal, se localizada nas respectivas circunscrições, ou à União, quando situada em território federal.

DOS HERDEIROS NECESSÁRIOS

Os herdeiros necessários são os descendentes, os ascendentes e o cônjuge. Eles, portanto, não podem ser excluídos, uma vez que a lei dispõe essa proteção. A eles pertence, de pleno direito, a metade dos bens da herança, constituindo a legítima.

Essa legítima é calculada sobre o valor dos bens existentes na abertura da sucessão, abatidas as dívidas e as despesas do funeral, adicionando-se, em seguida, o valor dos bens sujeitos a colação.

Salvo se houver justa causa, declarada no testamento, não pode o testador estabelecer cláusula de inalienabilidade, impenhorabilidade, e de incomunicabilidade, sobre os bens da legítima.

O herdeiro necessário, a quem o testador deixar a sua parte disponível, ou algum legado, não perderá o direito à legítima.

Para excluir da sucessão os herdeiros colaterais, basta que o testador disponha de seu patrimônio sem os contemplar. Os herdeiros colaterais podem ser resumidos em irmãos, tios e sobrinhos. Portanto, eles não têm a proteção de participar da herança, porque em vida, a pessoa pode fazer testamento sem incluí-los como beneficiário de bens.

DO DIREITO DE REPRESENTAÇÃO

Ocorre o direito de representação quando a lei chama certos parentes do falecido a suceder em todos os direitos, em que ele sucederia, se vivo fosse.

O direito de representação dá-se na linha reta descendente, mas nunca na ascendente. Na linha transversal, somente se dá o direito de representação em favor dos filhos de irmãos do falecido, quando com irmãos deste concorrerem.

Os representantes só podem herdar, como tais, o que herdaria o representado, se vivo fosse. O quinhão do representado partir-se-á por igual entre os representantes. O renunciante à herança de uma pessoa poderá representá-la na sucessão de outra.

+ EXERCÍCIOS DE FIXAÇÃO

01. Ano: 2018 Banca: CESPE / CEBRASPE Órgão: STJ Prova: CESPE - 2018 - STJ - Analista Judiciário - Judiciária

Em relação ao direito de família e ao direito das sucessões, julgue o item subsequente.

É reconhecido o direito sucessório do cônjuge sobrevivente separado de fato há mais de dois anos, caso ele prove que, sem culpa sua, a convivência se tornou impossível.

( ) Certo.

( ) Errado.

02. Ano: 2013 Banca: VUNESP Órgão: MPE-ES Prova: VUNESP - 2013 - MPE-ES - Agente de Promotoria – Assessoria

Em regra, são herdeiros necessários apenas

A) os descendentes e ascendentes.

B) os descendentes e o cônjuge.

C) os descendentes e colaterais até segundo grau.

D) os descendentes, ascendentes e colaterais até segundo grau.

E) os descendentes, ascendentes e o cônjuge.

» GABARITO

01. Certo.

02. Letra E.

- editoraletramento
- editoraletramento.com.br
- editoraletramento
- company/grupoeditorialletramento
- grupoletramento
- contato@editoraletramento.com.br
- editoraletramento

- editoracasadodireito.com.br
- casadodireitoed
- casadodireito
- casadodireito@editoraletramento.com.br